上海出版资金项目
Shanghai Publishing Funds

非常规能源地质前沿译丛
总主编　张金川

油砂资源及开发：美国与加拿大实践研究

American Empire and the Canadian Oil Sands

［美］George A. Gonzalez　著
张瑜　雷越　刘飏　唐玄　译

華東理工大學出版社
EAST CHINA UNIVERSITY OF SCIENCE AND TECHNOLOGY PRESS
·上海·

图书在版编目(CIP)数据

油砂资源及开发：美国与加拿大实践研究 /（美）冈萨雷斯（George A. Gonzalez）著；张瑜等译. —上海：华东理工大学出版社，2023.11

（非常规能源地质前沿译丛）

书名原文：American Empire and the Canadian Oil Sands

ISBN 978-7-5628-5715-0

Ⅰ.①油… Ⅱ.①冈… ②张… Ⅲ.①油砂-矿产资源开发-研究-美国②油砂-矿产资源开发-研究-加拿大 Ⅳ.①F471.262②F471.162

中国版本图书馆 CIP 数据核字(2019)第 081282 号

著作权合同登记号：图字 09-2018-995 号

项目统筹 / 马夫娇
责任编辑 / 马夫娇
责任校对 / 张　波
装帧设计 / 徐　蓉
出版发行 / 华东理工大学出版社有限公司
地址：上海市梅陇路 130 号，200237
电话：021-64250306
网址：www.ecustpress.cn
邮箱：zongbianban@ecustpress.cn
印　　刷 / 上海中华商务联合印刷有限公司
开　　本 / 710 mm×1000 mm　1/16
印　　张 / 7
字　　数 / 104 千字
版　　次 / 2023 年 11 月第 1 版
印　　次 / 2023 年 11 月第 1 次
定　　价 / 198.00 元

非常规能源地质前沿译丛

编　委　会

非常规能源地质前沿译丛

序

世界油气工业史是一部以非常规油气为基础，理论、方法和技术逐渐发展和完善，勘探、开发及利用不断推进和突破的综合性科学与技术发展史。如果说人类对石油和地热的利用已有3000年历史的话，那么真正有目的的勘探开发和规模性工业利用也只有不足300年的历史。

现代油气工业起源于非常规，从地面的油砂矿开采到第一口石油井的钻探成功，其间经历了百余年历史，随后进入了以常规油气勘探发现和大规模工业化应用为主导的油气工业化时代。以法国（1735）开始开采油砂矿为标志，人类将石油和天然气作为能源加以利用的时代可追溯至18世纪早中期。至19世纪早中期，世界第一口页岩气井的成功钻探（美国，1821—1825）、第一座页岩油炼厂的建成（法国，1835）、第一口石油井的完钻（美国，1859），标志着石油天然气工业的起步和开始。特别是，油苗与背斜关系的发现（W. E. Logan，1842）和油气聚集背斜理论的提出（T. S. Hunt，1861），奠定了现代常规油气地质理论和勘探发现的基础，保证了随后大规模油气的不断发现。至19世纪中晚期，逐步形成了以石油为主线的能源开发与利用体系。

20世纪中后期逐渐开启了以常规为主、非常规占比逐渐加大的油气新时代。20世纪早中期，地质理论与地球物理技术、海洋油气技术完美结合，一大批油气田获得了发现，常规油气勘探开发走向了巅峰。以致密砂岩气（美国，1927）、稠油（美国，1934）、水溶气（日本，1948）、煤层气（美国，1953）、水合物（苏联，1971）等非常规油气的勘探发现和开发利用等事件为代表，20世纪在推动常规油气工业快速发展的同时，在以北美为代表的世界许多地区获得了非常规油气的不断发现和工业应用，非常规油气生产试验和勘探开发工作在20世纪中后期得到了爆发式的发展。几乎是在我们把主要精力都放在常规油气藏，争论中国油气资源能够维持多久、油气工业是朝阳产业还是夕阳产业、油气勘探方向在哪里、有没有非常规油气等问题的同时，以北美为代表的其他技术先进的国家和地区已经在各种油气资源类型、油气勘探开发技术等方面取得了突破，完成了各种油气资源类型的开发利用，实现了常规与非常规油气资源类型同步快速发展、非常规油气资源占比逐渐增加的历史变革。可以说，20世纪中叶是中华人民共和国成立的时代，是我们不断奋进、努力拼搏、不断缩小与发达国家之间技术水平和能力差距的时代。我们曾经在陆相油气地质、火山岩油气地质以及复杂条件油气地质等方面取得过领先世界的耀眼成绩，但与美国相比，我们在多种类型非常规油气勘探开发领域一直处于跟进状态。

21世纪的今天，油气开发利用正朝向多元化方向发展，天然气发展模式已经正式开启。以页岩气为代表的非常规天然气逐渐担当了历史重任，常规与非常规油气百花齐放。石油和天然气是工业运行必不可少的血液，我国的石油与天然气产量长期面临着巨大压力。自1993年成为石油净进口国以来，我国油气消费需求量强劲上升，油气进口量不断增加，目前的石油和天然气对外依存度分别达到了70%和45%，成为世界最大的石油进口国和天然气进口国。2000年以来，各种类型非常规天然气勘探开发技术进一步成熟，煤层气、致密砂岩气、页岩气、水合物等多种类型非常规天然气逐渐形成自身体系并得到了蓬勃发展，相关的产业技术大踏步前进，我国的勘探开发相关技术迅速成熟。我国多地正同时开展非常规油气的勘探发现和探索评价工作，以页岩气为例，目前正在向海相深层页岩气、陆相页岩油气、海陆过渡相复杂岩性页岩气、叠合盆地多类型复杂页岩油气以及中小型盆地煤系地层页岩油气方向快速推进，有望在复杂地质背景的非常规油气勘探开发技术领域取得国际领先水平的成果。

回顾历史，从柴薪、煤炭、石油到天然气，人类探索利用传统能源的历史和能力足迹可溯、历历在目，可圈可点。环顾当下，从焦油、油砂、地热到水合物，人类开发利用地质能源的技术和能力日新月异、突飞猛进，一日千里。展望未来，从水能、风能、核能到太阳能，人类拓展利用全新能源的水平和能力赫赫巍巍、跃然纸上，蓝图如画。在现今能源需求正旺的特殊历史时期，非常规能源正以无限的能量传承历史、承载使命、光耀未来。如前所述，非常规能源包括了传统类型以外的油、气、水等新兴资源类型，也包括了正式开始用于商业发电（意大利，1913）的地热能。在该领域，中国正以极大的关注、全新的姿态和积极的努力开创一个崭新的能源利用新时代。

非常规能源仍将是未来一段时间内我国能源领域中需要大力发展的重点方向。结合我国油气地质条件及非常规油气勘探开发工作进展，作者以研究进展和产业发展为主线，跟踪选择了页岩油气、致密气、煤层气、水合物、水溶气、重油及焦油砂、油砂、地热等类型非常规能源丛书进行翻译，通过实例解剖，分别系统介绍其背景资料、方法原理、技术进展、形势对策等内容，以满足国内目前对非常规能源勘探开发工作的实际需要，为我国相关产业发展提供参考借鉴。

在丛书的翻译、审校及定稿过程中，译校人员在百忙之中抽出宝贵时间承担了不同的书稿工作并提出了宝贵的修改意见，在此致以由衷的谢意。由于丛书涉及内容较多，成稿时间仓促，加之译者水平有限，书中难免存在疏漏和不足，敬请读者不吝斧正。

2019 年 8 月 · 北京

前 言

foreword

本书围绕国际和地区政治，对北美非常规化石燃料革命进行重点阐述。在美国，对含油气页岩实施水力压裂以生产石油和天然气；在加拿大，对油砂（或沥青砂）进行加工处理，以生产大量的原油。[1]从历史角度来看，必须将北美地区的非常规化石燃料革命置身于能源在大国政治中所扮演的角色的背景之中。

在《北大西洋的能源与政治》一书中，作者解释道，能源是现代大国政治的中心。[2]第二次工业革命，始于19世纪后期，在美国由于其丰富的煤炭资源而蓬勃兴起，煤炭可以提供规模经济发展所需的热能。[3]20世纪20年代，美国的汽车革命全面爆发，这是建立在其国内拥有大量石油资源的基础之上的，因为在19世纪末至20世纪初美国是世界上最大的石油生产国。[4]美国的投资者愿意为技术进步和扩大汽车生产提供资金，因为他们知道有充足的廉价汽油，为不断增多的汽车提供动力。由此，20世纪20年代，美国生产的汽车占全世界总量的85%。[5]

美国的汽车生产对其整个经济有着广泛的影响。汽车工业需要大量的玻璃、钢铁和橡胶投入，因此，汽车产量的增长意味着工业基础的扩大。更重要的是，为生产汽车而发展起来的先进制造技术遍布整个工业领域，这使得美国在20世纪20年代，成为世界上工业基地最先进的国家。当时美国经济占全球GDP（国内生产总值）的25%，此外，美国成为全球最大的债权国，尤其是欧洲国家对美国负债累累。[6]

通过“能源挥霍”的城市扩张而产生的经济需求是冷战时期美国战略的重要组成部分。[7]这一需求被美国用来巩固其与北大西洋公约组织（North Atlantic Treaty Organization，NATO）国家和日本的联盟关系。[8]相反，美国拒绝让其潜在敌人获得城市扩张带来的经济需求。[9]

由于能源似乎比资本或劳动力（市场及技术）更像是一种“零和资源”（zero-sum resource），所以，在20世纪和21世纪，能源进一步成为国际冲突的重要根源。法国希望重新控制产煤丰富的洛林地区是引发第一次世界大战的原因之一。[10]有人认为，第二次世界大战主要是由能源问题引起的。美国实施的“石油禁运”政策直接促成了日本偷袭珍珠港。[11]在欧洲，德国试图复制美国汽车为中心的经济增长与发展的模式，但却因国内石油的匮乏而受阻。[12]由于在如何稳定/发展经济方面没有清晰的路线，德国便转向通过战争来解决经济发展难题（占领苏联的油田是纳粹主要的军事目标之一）。[13]2011年，北大西洋公约组织对利比亚进行军事干预，其目的是，使这个国家的大量石油储备由西方石油公司支配。[14]约翰·米尔斯海默在其2014年出版的《大国政治的悲剧》书中指出，遏制中国是美国的主要战略目标之一。[15]美国在全球石油系统中的主导地位是为实现这一目标而服务的。[16]从更广泛的层面上说，大卫·哈维认为，新帝国主义（或现代形式的帝国，即控制其他国家的政治/政策[17]）是建立在宝贵且重要的石油资源基础之上的。[18]

因此，北美地区的非常规化石燃料革命必须结合美国的大国地位来理解和分析。例如，加拿大油砂的开采，将提高美国在世界上的政治地位——随着常规化石燃料的减少（如石油峰值），通过推动其国内经济（尤其是城市蔓延），给美国带来一种潜在的重要资产。[19]2012年，美国共和党总统候选人米特·罗姆尼提出，要立即批准Keystone XL输油管道项目（计划将焦油砂输送到得克萨斯州），使美国成为“能源超级大国”。罗姆尼并没有将其在北美能源问题上的立场限制在油砂资源上。他还谈到了含油气页岩，并表示假如竞选总统胜利，他将“强化监管改革的力度，加快石油天然气的勘探开发”。[20]2014年，据《纽约时报》报道，美国国务院于2011年创建了能源资源局（Bureau of Energy Resources），“目的是将国内的能源热潮转化成一种地缘政治工具，促进美国在世界各地的利益”。[21]

虽然北美地区的非常规化石燃料革命具有明显的地缘政治影响，但它还会引发潜在的环境问题，即加拿大开采油砂[22]和美国从页岩中开采天然气/石油造成的全球变暖和区域性环境破坏。由非常规碳基能源造成的环境破坏是本书内容的重点。

另一方面，地方/区域政治对于北美非常规能源来说也是至关重要的。从加拿大油砂中生产石油，必须在技术和工程上有突破。20 世纪上半叶，这些技术和工程上的突破由阿尔伯塔省政府提供赞助，以促进地方/区域经济的增长。因此，加拿大油砂的石油产量在很大程度上得益于政府的政治干预（更具体地说，区域增长联盟从油砂中最终获利）。20 世纪 60 年代，一家大型石油公司对加拿大焦油砂进行开发时，这更多地被视为一个长期（战略）项目，而非一个短期中期盈利项目。

在第 2 章中，作者认为，历史上，北美的能源相关政策是经济精英们通过政策规划网络运作而产生的。因此，我的分析与着重强调美国和加拿大经济精英的政治一体化的其他研究工作一致。[23]

George A. Gonzalez

内容提要

synopsis

本书第 1 章介绍了北美非常规化石燃料的国际影响。在第 2 章中，作者提出了竞争性的政策制定方法：经济精英理论（economic elite theory）和国家自治理论（state autonomy theory），来分析北美非常规化石燃料革命背后的政治和政策。第 3 章介绍了加拿大油砂的地区和国际政治。第 4 章阐述了美国的城市蔓延是如何被概念化，并被用作刺激经济的主要方式的。在冷战期间，美国城市蔓延所产生的经济需求，成为吸引西方联盟的关键，1973 年的石油危机促使美国把军事和外交资源集中在世界上最重要的产油区——波斯湾（第 5 章）。随着加拿大油砂生产和运输基础设施的不断扩大，尽管满足城市扩张带来的能源需求是开采油砂的主要原因之一，环保游说团体（environmental lobbying groups）倾向于忽略或淡化美国城市蔓延的问题。此外，环保游说团体完全忽视了美国对外能源政策的问题（第 6 章）。

为方便读者查阅，本书参考文献可扫描下方二维码，关注并回复 57150 获取。

华理能源与环境出版中心

目　录

contents

第1章　加拿大油砂资源与美国能源战略①

5

北美正在经历一场非常规石油（即油页岩和油砂）和非常规天然气（即页岩气）的能源革命[1]。不过遗憾的是，这场革命有可能会影响全球气候。[2]加拿大的油砂（或沥青砂）尤其令人担忧。加拿大油砂是原油（常规石油）的高碳替代品[3]（据称加拿大油砂含有1700亿桶石油）。[4]将油砂推向市场，对全球变暖的影响体现在两个方面。[5]第一，在现场“加工”油砂，将油砂（亦称沥青）稀释成稀释沥青（俗称“dilbit原油”，亦称沥青稀浆），用于运输，而这需要能源，由此会导致温室气体排放。[6]第二，除了用于油砂运输的能源之外，将油砂提炼成终端产品（如航空燃料）所需的能源比提炼常规原油所需要的能源要多。为此，提炼油砂所需的额外能源会导致产生更多的温室气体。[7]

詹姆斯·汉森长期致力于气候科学的研究，[8]他宣称加拿大油砂被评论家们称为“碳炸弹”（carbon bomb），对全球环境构成了极大的威胁，以至于油砂的全面开发将意味着“气候游戏的结束”。[9]（迈克尔·曼恩，另一位著名的气候学家，在2014年的一篇专栏文章中重复了詹姆斯·汉森的可怕预测。[10]）也有学者指出，加拿大的油砂开采对全球气候的威胁是有限的。[11]然而，人们普遍担心的是，生物圈的吸热特性已经上升到引发气象混乱（例如干旱和洪水）的程度，极地冰原迅速融化，海平面上 6
升引发灾难，总体而言，创造了一个对文明甚至人类本身不友好的行星环境。[12]

---

① 本书边栏为原著页码。

除了油砂加工对气候直接造成的威胁之外，进一步开发加拿大油砂将使政治经济体制无法有效地维持气象现状。在这些政治或经济因素的影响下，詹姆斯·汉森估计，加拿大油砂可能使大气中的二氧化碳增加 120 ppm①（百万分之一）。[13]（CO_2吸收热量，目前大气中二氧化碳含量比工业化前高出 400 ppm，即高出 40%左右[14]）加拿大的油砂开采对政治经济产生的消极影响是双重的。加拿大的油砂资源全部转化为现实，将会使石油（汽油）的价格承受下降的压力。这反过来又会降低石油代用品（例如电动汽车[15]）的价格竞争力。[16]我们已经看到，美国采用水力压裂技术开发页岩气，使北美地区市场上天然气的数量大幅增加，从而大大降低了该地区的天然气价格。这种低价天然气颠覆了美国预期的“核能复兴”，[17]也给其他低碳或无碳能源（如风能和太阳能）带来障碍。[18]加拿大油砂开采所带来的廉价汽油也会减少可能存在的政治压力，以减少美国的城市蔓延（即使用汽车）。

加拿大油砂产量的增加产生的重大政治影响是全球性的。修建 Keystone XL 管道项目，使得达成一旨在维持当前气候的国际条约的希望破灭。据《纽约时报》称，如果奥巴马政府批准这一管道的建设，将给世界达成广泛的气候协议的能力“抹黑”。[19]（人们曾预测，2015 年在法国巴黎举行的世界各国领导人全球变暖会议将达成一项实质性协议[20]）Keystone XL 管道项目可以将阿尔伯塔省与得克萨斯州（休斯敦）的石油精炼基础设施连接起来，会加速油砂的开采。

尽管关于 Keystone XL 管道项目[21]的提议已成为政治议题，但项目相对于实际价值更具有象征意义[22]。奥巴马总统宣布决定拒绝修建 Keystone 7 XL 管道时指出，“此项目经常被两党当作竞选的象征，而不是一个严肃的政策问题。”[23]在 Keystone XL 管道项目之外，还得努力开发加拿大油砂生产石油所需的基础设施。[24]除了 Keystone 以外，在基础设施上的努力并未引起政治关注。新提议的管道和现有管道的扩建，将“使油砂产量在未来 10 年里增加 25%以上，即使 Keystone 管道最终被阻止。”[25]另外，美国批

① 为方便对原著内容的理解，书中部分已形成行业习惯的非法定单位不作换算。

准新建一条铁路，与加拿大油砂产区紧密连接。[26] ClearView 能源合作伙伴公司（一家华盛顿公司）的能源市场分析师里斯廷·泰札克（Christine Tezak）在对 Keystone XL 管道项目被否决作出回应时解释道："从市场的角度来看，石油行业一定会找到另一种方式来运输加拿大油砂产出的石油，需要多长时间才能找到这种运输方式，取决于油价，如果油价上涨，公司就会把石油采出来。"[27] 油价信息服务公司（Oil Price Information Service）的全球能源分析师汤姆克洛萨表示："就分配和人们付多少钱而言，Keystone 项目实际上并不太重要。"[28] 值得注意的是，加拿大出口到美国的石油（包括油砂沥青原油），从 2008 年的每天 250 万桶，增加到现在的每天 380 万桶，而美国从欧佩克国家进口的石油量大幅下降。[29]

美国较高的二氧化碳排放量已经成为全球温室气体排放的主要问题之一。[30] 占全球人口不足 5%的美国是二氧化碳排放量最大的国家，二氧化碳排放量占全球的 20%~25%。[31] 即使在今天，中国超过美国成为世界上主要的二氧化碳排放国，美国的人均二氧化碳排放量仍然相对较高，[32] 目前，中国人均二氧化碳排放量为 6.6 吨，而美国人均二氧化碳排放量为 16.2 吨。[33]

2011 年，《纽约时报》中的一篇文章指出："许多国家指责美国政府在气候变化上不作为，尤其是它一直是排放温室气体的主要贡献者。"[34] 因此，美国历史上和当前的人均二氧化碳排放量是应对全球变暖危机的一大障碍。[35] 从另一个角度来看，如果美国对人均二氧化碳排放量不采取任何行动，那么有效的气候变化条约在政治上似乎是不可能的。[36] 批准 Keystone XL 管道项目的建设意味着，美国对气候变化问题仍然不严肃（2001 年，美国退出了唯一的全球变暖条约即《京都议定书》）。

虽然这条输油管道对环境和政治产生了明显的消极影响，但为什么美 8
国准备批准 Keystone XL 管道项目的建设呢？此外，美国政府为什么会准许连接美国与加拿大油砂资源的输油管道和铁路呢？[37] 答案是美国主导的世界体系，[38] 而这一体系的核心就是能源。在当前世界体系中，能源对美国起着双重（有点矛盾的）作用。[39] 一方面，能源为美国的城市蔓延提供动力，这对世界经济有着重大影响；另一方面，美国全球石油的主导地位，可以使其成为影响国际政治的主要手段。[40]

1.1 城市蔓延

美国是世界上城市蔓延最为典型的国家（表 1.1）。同时，加上美国相对较多的人口，使美国成为世界上最大的石油消费国，其消费量占全球 9 石油总产量的 20%~25%。[41] 马修·哈伯（Matthew T. Huber）在其所著的《命脉：石油，自由和资本的力量》一书中，利用美国的政治文化解释了美国无节制消费石油的原因。[42]同样，卡特·塞勒（Cotton Seiler）在对美国冷战时期政治文化的批判性分析中认为，美国的政治、经济和文化精英们提出了一种特定自由的概念。他指出，在第二次世界大战后期，人们强调的自由概念，其核心是汽车及其看似绝对的行动自由。在他看来，这个概念是区分美国与苏联的一种方式。城市蔓延与以汽车为中心的自由概念是一致的，因为与汽车相关的自由概念和人们开车去的任何地方都能享受到商品及服务息息相关。[43]

然而，美国城市蔓延产生了极大的国际影响力，以至于不能将其（以及由此产生的能源消耗）归因于国内的文化规范。第一，正是因为城市蔓延，美国才成为全球变暖现象的主要贡献者；第二，美国的城市蔓延是全球经济的重要组成部分；第三，美国对石油大规模消费（外交/军事政策），其主要原因是城市蔓延区对汽车的依赖。

表 1.1 城市汽车所有权和使用情况[*]

地　　区	人均汽车所有权（每 1 000 人）	人均汽车使用（千米）	与其他城市相比，美国汽车人均使用比例
美国城市	587	18155	—
澳大利亚/新西兰城市	575	11387	1.60
加拿大城市	530	8645	2.10

续　表

地　　区	人均汽车所有权（每 1 000 人）	人均汽车使用（千米）	与其他城市相比，美国汽车人均使用比例
西欧城市	414	6202	2.93
高收入亚洲城市	210	3614	5.02

注：* 最近一年的数字，即 1995 年。

资料来源：Jeffrey R. Kenworthy，《城市能源转型：从化石燃料到可再生能源》中“84 个国际城市乘客运输系统中的能源利用和二氧化碳生产发现与政策意义”。Peter Droege（Amsterdam：Elsevier，2008），211 - 236。

美国的城市：亚特兰大，芝加哥，丹佛，休斯敦，洛杉矶，纽约，凤凰城，圣迭戈，旧金山，华盛顿特区。

澳大利亚/新西兰的城市：布里斯班，墨尔本，珀斯，悉尼，惠灵顿。

加拿大的城市：卡尔加里，蒙特利尔，渥太华，多伦多，温哥华。

西欧的城市：格拉茨，维也纳，布鲁塞尔，哥本哈根，赫尔辛基，里昂，南特，巴黎，马赛，柏林，法兰克福，汉堡，杜塞尔多夫，慕尼黑，鲁尔，斯图加特，雅典，米兰，博洛尼亚，罗马，阿姆斯特丹，奥斯陆，马德里，斯德哥尔摩，伯尔尼，日内瓦，苏黎世，伦敦，曼彻斯特，纽卡斯尔，格拉斯哥。

亚洲的城市：大阪，札幌，东京，中国香港，新加坡，中国台北。

1.2　城市蔓延与全球变暖

除了汽车之外，城市蔓延也会导致能源消耗增加，因为低密度城市的发展（即城市蔓延）带来了大型单户多室独立式住宅。[44]通常，加热（以及使用家电）或冷却这种住宅所需的能量，比附属住宅或公寓要多。[45]美国能源专家保罗·罗伯茨解释说，当代美国家庭的能源密集型程度“至少是欧洲和日本家庭的两倍”。[46]因此，美国的城市蔓延区是其人均温室气体排放量和总能源消耗的核心[47]（表 1.2）。

表 1.2　各国能源消耗量*

国　　家	人均能源消耗（油当量吨）
美　国	7.8
俄罗斯	4.7

续 表

国　家	人均能源消耗（油当量吨）
韩　国	4.5
法　国	4.4
日　本	4.1
欧盟（27 国）	3.7
中　国	1.4
印　度	0.5

注：* 所选定国家的人口超过 4000 万。

资料来源：Christian de Perthuis，《变暖世界的经济选择》（纽约：剑桥大学出版社，2011），238－239。

1.3　城市蔓延作为刺激经济手段

城市蔓延在刺激全球经济增长的同时还得承担全球气候的责任。在《城市蔓延、全球变暖与资本帝国》中，作者认为，美国的城市蔓延是国际经济需求的一个关键因素，以至于美国无法果断地控制其温室气体排
10 放。与城市蔓延相关的汽车依赖推动了汽车的销售。此外，低密度城市发展产生的大型多室住宅促进了耐用消费品如家具和电器（例如电视机）的消费，因为大型住宅能够带动耐用消费品市场增加。这些都反映了一个事实，即美国的城市蔓延是全球经济的一个关键因素（虽然美国人口不到全球的 5%），但美国居民（不包括政府和企业）却消耗了世界 20% 的经济总产值。[48]

正如《城市蔓延、全球变暖与资本帝国》书中所讨论的一样，美国将城市蔓延视为应对 20 世纪 30 年代经济大萧条的一种主要手段。在《能源与帝国：美国的核能和太阳能政治》一书中，我谈到，早在 20 世纪 20 年代，美国实施城市蔓延的目的是刺激经济。[49]这两本书都表明，美国的城市蔓延是部署特定公共政策产生的一种现象，而不是文化趋势或规范的产

物。[50]因此，城市蔓延的公共政策（道路建设、划分区域、补贴贷款）带动了低密度发展，而这正是美国大都市的一大特色。在这些政策出台之前，美国的城市分布密集。[51]这两本书还表明，美国城市蔓延背后的公共政策制定是由企业主导和其他经济利益集团共同作用的结果（详见本书 11
第 4 章）。

1.4　城市蔓延与美国石油政策

控制波斯湾的石油产区是美国的主要外交政策之一，部分原因是城市蔓延对能源的需求。[52]海湾地区被认为拥有世界一半的石油储量。[53]最初，美国的城市蔓延是由国内石油生产来维持的——美国是 19 世纪末和 20 世纪初期最大的石油生产国。[54]然而，20 世纪 70 年代石油危机发生，美国依靠波斯湾石油维持了其城市蔓延（本书第 5 章）。因此，对这个地区的军事和政治主导对美国尤为重要。[55]

值得注意的是，城市扩张所造成的石油无限度消费是加拿大油砂开采的关键原因。低价油的时代似乎已经终结。常规石油生产在 2006 年达到顶峰，国际能源机构（一个向所有先进国家提供建议的全球机构）于 2010 年缔结。[56]据报道称沙特阿拉伯的石油产量增加，[57]其他国家的常规石油开采量大幅下滑（如美国、英国、印度尼西亚）。[58]其结果是，石油供应商正在世界更遥远（难以到达）的地方获取石油，例如北冰洋和深海地区（在墨西哥湾最深处）。[59]当石油价格位于每桶 50 美元到 100 美元之间时，生产和提炼成本较高的非常规石油（页岩和焦油砂）就能被有利可图地提炼和加工成可用的石油。[60]

帮助维持美国的城市扩张只是加拿大油砂开采的突出政治特征之一。加拿大油砂的另一个值得注意的方面是，它的成功开采将有助于加强美国对世界能源体系的霸权。接下来我们来讨论这个问题。

1.5　美国能源

正如前文所述，城市扩张所造成的经济需求被美国视为政治手段，盟

12 友可以获得这种经济需求，其他人则被拒绝进入。美国对石油的直接控制也允许它将能源管控用作霸权手段。[61]美国通过在中东的政治和军事联盟及海军部署监督全球石油分布。[62]这样做，美国可以影响全球各国。[63]

卡特政府的国家安全顾问兹比格涅夫·布热津斯基（Zbigniew Brzezinski）[64]在《大棋盘：美国的主要地位及其地缘战略的必要性》一书中指出：欧亚大陆是强权政治的核心。[65]欧亚大陆最具战略意义的方面是其拥有巨大的石油储备。[66]这可以从美国入侵拥有丰富石油资源的伊拉克事件中得到确认。[67]可以说，美国入侵阿富汗也是如此——阿富汗具有优越的战略地位，它位于拥有大量石油和天然气资源的中亚国家之间。[68]布热津斯基在最近出版的《抉择：全球统治或全球领导力》书中发表了他对毗邻的欧亚国家进行的以下观察（这些国家包括波斯湾和中亚）：

这些国家拥有世界上最大的石油天然气储量。由于获得可靠的、价格合理的能源对世界经济最具活力的三个地区——北美、欧洲和东亚至关重要，因此，即使被合作安排所掩盖，对该地区的战略支配也将成为全球决定性的霸权资产。[69]

美国用石油管控作为外交政策。日本对珍珠港的偷袭（美国随后进入太平洋战区）是美国对日本石油禁运的结果。[70]当英国、法国和以色列在1956年占领埃及的苏伊士运河时，如果这些国家没有从运河撤出，艾森豪威尔政府威胁称，会对这些国家实施石油禁运。[71]2009年，美国威胁要切断伊朗出口汽油和其他成品油产品。[72]

因此，尽管从加拿大油砂中开采石油造成世界气候系统功能失调，但这有利于巩固美国的国际地位。首先，由于全球常规石油生产低迷（如前所述），对加拿大油砂的控制将成为一种越来越大的地缘政治资产——一种可以用来塑造全球政治/政策的资产（即作为帝国工具）。其次，开采加拿大油砂有助于维持世界对石油的依赖。因此，随着油砂石油产量的增加，全球石油供应随之增加，这将有助于降低石油价格。但是，这将成为
13 开发化石燃料替代品的障碍（如前所述）。这种障碍符合美国的能源政策——美国的能源政策要么忽视化石燃料的替代品（太阳能[73]），要么积极抑制此类替代品（核/钚能源将在后文做进一步讨论）。

1.6　美国核能政策

《能源与帝国：美国的核能和太阳能政治》一书的中心论点是美国开发民用核反应堆，这种技术表面上是由一个国家控制的。相反，美国政府在第二次世界大战后忽视了太阳能发电的潜力（例如被动式太阳能和风能）。[74]尽管在发达国家中，美国拥有最大的太阳能发电潜力（既拥有炎热、阳光充足的西南沙漠，[75]又拥有经常刮风的中西部和西北部[76]）。与核能不同，太阳能发电不受任何单一权力机构（国家）[77]控制，因为只要有太阳照射或风吹的地方就可以收集太阳能。

核能有潜力成为一种霸权工具——也就是说，意味着一个国家主导其他国家的能源系统。[78]通用电气公司的高层人员埃弗雷特·霍利斯（Everett L. Hollis）1957 年在一份关于美国民用核电的政治立法调查报告中指出，“政府垄断原子能的政策在某种程度上是为了维持美国的国际垄断。”他还指出，“出于外交政策的原因，有人认为美国必须有一个在和平时期活跃的原子能计划。”[79]在 20 世纪 50—70 年代，通用电气是美国领先的核技术公司。[80]

第二次世界大战后，盟国推动了核能发展，[81]美国在 20 世纪 70 年代后期就反对核电。两个事件与美国减缓（或停止）全球核能扩散的努力相吻合。首先，美国在西方盟国中垄断铀浓缩（核燃料的浓缩是指增加最易于裂变的铀 235 浓度的过程[82]）。政治学家约瑟夫·卡米莱里（Joseph Camilleri）在《国家和核电》中指出“多年来美国在西方世界中垄断了铀浓缩技术”，“在 20 世纪 70 年代，世界 90%以上的核电站都使用浓缩铀作 14
燃料。”[83]

为了吸引私人公司从事核燃料浓缩，尼克松政府（1969—1974 年）提高了浓缩燃料的成本。[84]这一战略促使其他国家的政府积极发展本国的铀浓缩技术。[85]此后不久，美国核电公司意识到为了提高在国际销售方面的竞争力，他们不得不提供国家核燃料加工技术。[86]卡特政府（1977—1981 年）禁止企业出口这类技术，[87]因为核材料的加工可以大大扩充武器级材料的数量。[88]一旦其他国家积极实践浓缩技术，[89]民用核电就不再是美国在经济上或政治上主宰其他国家的杠杆。[90]相反，它将成为核武器扩散的主要来源。[91]值得注意的是，美国在20世纪70年代末期停止了核电厂的建造，随后失去了建造核反应堆的能力。[92]

1.7 1978年“核不扩散法”

20世纪70年代将核电推向国际议程的第二个事件是德国和巴西之间的1975年协议，该协议将前者的浓缩铀和核废料回收基础设施转移到了后者。[93]美国强烈反对这种出售，最终导致了1978年的“核不扩散法”。[94]由这一立法赋权，卡特政府制定了美国向其他国家转让浓缩铀和核技术的先决条件政策。美国要求接受美国核材料的国家保证不会从事核燃料回收，也不会将任何核材料出口给其他国家（法国和英国的回收利用设施没有受到惩罚，但任何出口回收燃料都需要美国批准[95]）。

因此，美国政府在20世纪70年代末放弃核能，实际上也是试图在国际上反对核能。这种反对集中体现在作为铀的半衰期副产物——钚上。钚
15 的生产代表着核武器扩散的威胁。然而，进入20世纪70年代，美国、西欧和日本政府积极探求钚替代化石燃料的方法，特别是作为电力来源的方法。[96]人们谈到钚，经济实惠，是因为在核反应堆产生的钚比使用的多。因此，钚具有取之不尽的能源前景，比其他化石燃料的负担少（例如稀缺度、空气污染、温室气体排放等）。此外，钚的使用将“关闭”核能循环（核废料可能几乎永久回收，因为核反应中产生的“废物”将以钚的形式反复使用）。因此，从撤回对钚的支持到积极反对，美国降低核能效率并承担其责任（此外，美国还面临着对核废料以及对国际原材料铀贸易体系的依赖，这些原材料由生产国主导）。美国反对钚，并不仅仅是因为维持其巨大的核武器储备[97]（即限制国际社会获得核武器材料），也是为了维持世界对化石燃料的依赖。

另一个破坏动力经济理念的因素是，美国停止了完善核燃料回收和商用增殖反应堆的努力。美国政府正在为建设巴恩韦尔（Barnwell）回收再

处理设施和修建克林奇河（Clinch River）反应堆提供资金。卡特政府暂停了对这两个项目的政治支持。重新处理核燃料涉及从核废料中提取钚和重建反应堆。通过将铀 238（^{238}U）转化为钚，增殖反应堆生成的钚比消耗的钚还要多。[98]因此，巴恩韦尔核后处理中心和克林奇河增殖反应堆是几乎永无休止的燃料循环和无限能源的关键所在。

美国终止了其再加工/回收和增殖反应堆项目，以树立道德榜样，阻止钚的扩散。[99]奥巴马政府的美国核未来蓝丝带委员会在 2012 年重申了美国对民用钚的敌对立场——委员会建议不重新启动美国的民用钚方案。[100]

1.8　小　　结

美国掌控能源服务出于两个目的。一是，能源为美国的城市扩张政策提供支撑。城市扩张反过来又是全球经济的关键，美国居民消费约占世界 16
经济总量的 20%。城市扩张有助于刺激汽车购买（即汽车依赖）以及购买其他耐用消费品（家具、家电）来创造经济需求，体现了低密度大都市发展所呈现的宽敞居所特征。二是，在世界体系处于霸主地位的美国在世界化石燃料供应中处于统治地位。如前所述，美国海军遍布全球石油的高分布地区。此外，美国拥有最大的煤炭储量，[101]还有大量的天然气。[102]另外，美国还把化石燃料（特别是石油）作为外交威慑。

上述这两个目的互相矛盾。因为当化石燃料作为霸权控制的手段时，城市扩张大大削弱了化石燃料的供应。美国历史上对太阳能不感兴趣且化石燃料是霸权控制的手段，尽管城市扩张需要大量消耗能源。[103]即使在今天，在石油和全球变暖峰值时代[104]，美国同样忽视了太阳能发电。[105]美国政府目前正在减少对“清洁能源”的支出。2012 年，《纽约时报》曾报道，“如果没有任何变化，美国联邦政府的清洁能源资金将从 2009 年的 443 亿美元的高峰降至今年的 160 亿美元，2014 年为 110 亿美元，下降了 75%。”[106]

核电只是作为影响霸权的一种手段，美国发展和倡导核能。一旦不再有这个目的，美国就不再命令建设新的核电厂，直至失去建造核电厂的能力。更重要的是，美国制定了阻止民用钚扩散的国际政策。美国自己放弃了完善民用钚在生产和使用方面的努力。美国太阳能和核能政策的最终指向是保持世界对化石燃料的依赖。这符合美国使用化石燃料的霸主地位。

从加拿大油砂中加速生产石油，是支撑美国宏伟战略的关键支柱。首先，产自油砂的非常规石油导致了城市扩张。这在常规（和“容易”获取的）石油产量明显下降（即峰值油）的情况下，显得尤其重要。加拿大油砂的石油生产增强了美国对全球能源体系的控制。其次，油砂有助于保持化石燃料的价格优势，成为开发或部署能源替代品的障碍，但这些都
17 是美国无法控制的。最后，在北美，美国轻而易举地控制了加拿大油砂——这个越来越重要的石油来源。具有讽刺意味的是，传统石油的衰落似乎在强化着美国的霸权地位，因为北美是目前非常规化石燃料革命的中心（即页岩气和油页岩以及加拿大的油砂[107]）。

总的来说，加拿大的石油资源大体上满足了美国的政治和经济需求。[108]在一定程度上是由于加拿大主要产油省阿尔伯塔优先考虑出口。在20世纪70年代石油危机之后，渥太华的联邦政府确实试图控制加拿大石油的流动。然而，里根政府（连同控制阿尔伯塔石油储量的国际石油公司和省政府）否决了这个计划。[109]

对加拿大油砂的依赖是美国面临的最大矛盾，尽管这种石油资源可能会增强美国的实力和地位，但油砂中大量的二氧化碳排放（即全球变暖）可能会毁灭这个国家，甚至人类本身。

在下一章中，笔者将提出相互竞争的政策制定方法——经济精英理论和国家自治理论，以此来分析北美非常规化石燃料革命背后的政治和政策。

第 2 章　美国能源政策的政治经济学 19

在前一章中，作者概述了美国能源政策在其大战略中的核心地位。在需求方面，美国消耗了大量的能源（包括石油）来维持国内的城市扩张系统，这反过来又维持了它所领导的资本主义世界体系。此外，美国力求通过控制能源来控制全球政治。追溯到 20 世纪 50 年代，美国追求民用核能，力争统治全球能源基础设施。[美国在中东的政策（本书第 5 章）为后一个目标服务] 随着全球石油开始枯竭，北美非常规化石燃料（如加拿大油砂）获得了特殊的地缘政治重要性——既可以维持城市扩张，又可以维持全球石油依赖。

本书想跟读者探究的一个核心问题是，是什么因素决定了美国的能源政策？在确定美国国家行为基础的行动方面，有两个理论占主导地位。一个是国家自治理论，另一个是经济精英理论。国家自治理论的支持者认为政府内部的官员在政策制定过程中占主导地位。此外，这些官员还将公共利益倡导者（例如环保团体、经济学家、能源专家等）和他们的想法引入政策制定。那些持有经济精英理论的人认为，经济精英们通过由他们资助和领导的政策网络进行运作，然后将这些网络中产生的想法和提议纳入国家政策。

有时，经济精英的政治倾向表现为特殊政治利益，在不同的情况
下，经济精英将围绕影响整个企业社会（即反映经济精英的普遍利益） 20
的思想和政策提出建议。公司特殊政治利益被公认为复数精英主义。认同复数精英主义的政治科学家将商业政治［包括与能源有关的政治科学，如城市扩张和核能（本章都讨论到）］理解为完全由特殊利益活动组成。

2.1 城市蔓延

为了解决美国城市扩张而采用的一个突出论点是，特定经济利益（例如，大的土地所有者）已经成功地制定了有利于城市扩张的政策，以惠及他们的底线。这种关于城市扩张的政治观点与美国的多元精英主义政策一致。多元精英主义起源于政策制定过程中的多元主义理论。

多元主义作为第二次世界大战后最主要的政治科学范式出现。多元主义理论家，其中最著名的是罗伯特·达尔（Robert Dahl），他认为各种利益集团包括大公司和工会对政府施加了影响。[1]

多元化理论在美国政治科学中几乎完全占据主导地位的局面在20世纪60年代末和70年代初随着这一时期的社会运动（如反战运动、民权运动和环境运动）而落幕。20世纪60年代后期和70年代初，政府不再是一个中立的舞台，不同的利益集团开始利用其早期多元思想家所拥有的政治资源（即金钱、投票权、声望）。利益集团的成功动员不仅仅需要影响决策过程所需要的全部条件。[2]相反，美国的政治影响被认为与多元精英主义是一致的。

多元精英主义理论家认为，某些利益根深蒂固，对政策形成起到主导作用。美国学者西奥多·洛伊（Theodore Lowi）解释说，行政部门对具体机构的决策权分配导致了特殊利益“占领”了这些机构，建立了所谓的“分支机构”。将决策权力交给行政分支机构的做法被洛伊命名为“利益集团自由主义”。[3]

与洛伊的观点相同，麦康奈尔（Grant McConnell）也将国家权力的分散归因于一种占主导地位的政治哲学。麦康奈尔认为，这种政治哲学根植
21 于进步时代发展起来的话语之中。这一论述假定民主最有效地应用于小型官僚机构。反过来，联邦政府分裂成许多小单位，允许特殊利益集团攫取大量的州权力。[4]麦康奈尔和洛伊都追溯了公共哲学的发展历程，后者曾预言建立一个政府结构，以促进特殊利益集团对不同哲学戒律的获取，他们的结论也都是相似的。

洛伊和麦康奈尔把建立政府分支机构归因于联邦政府的制度结构，特别是行政部门，以及将立法实践的决策权限授权给行政部门机构。达尔和美国政治经济学家林德布洛姆（Lindblom）在 1976 年对早期多元思想进行了修改，他们认为企业集团有特权访问决策过程。他们断言，地方政府与其说是偶然事件的结果，不如说是商人对经济运行负有直接责任这一事实的结果。这种责任的结果是“企业享有特权参与”政府：

> 商人不受法律的约束去执行许多组织和领导安排的任务。所有这些社会的运作规则都要求商人被诱导而不是被命令。因此，显然，这些社会必须向商人提供足够的福利或优惠，以诱使他们执行所分配的任务。
>
> 对于来自火星的人来说，这些安排的结果是特别的。因为它是政府设计和维持诱惑商人的制度，与政府本身的关系密切。他们热心商业利益，授予他们主要任务，以作为激励。在所有这些方面，政府和企业之间的关系与政府和社会上任何其他群体之间的关系不同。[5]

因此，分支机构是依靠私人精英实现经济繁荣的经济体系的必然结果。通过政府机构的主导影响商人，有助于确保这些机构的政策能够促进经济增长和稳定。亚瑟·米勒（Arthur Selwyn Miller）将这一安排称为“经济和政治权力的融合”。[6]

达尔和林德布洛姆认为，经济政策的政治权力必须让位于经济利益，才能使这些政策取得成功，这与联邦住房管理局（FHA）的历史是一致的。[7]从 20 世纪 30 年代开始，联邦住房管理局被联邦政府赋予了住房计划 22
责任，联邦住房管理局的政策制定职位被授予来自住房行业和金融业的杰出人士。[8]正如达尔和林德布洛姆所指出的那样，事实上，具有这样背景的人有责任制定联邦政府的住房政策是合理的，因为住房业和金融部门最终被委托给了国家住房的建设和融资部门，甚至联邦住房管理局。从第二次世界大战后到 20 世纪 60 年代末，联邦住房管理局在资助和鼓励美国城市扩张方面发挥了关键的作用。[9]

20 世纪 20 年代的美国国际石油政策也符合多元精英主义。亚瑟·米勒在那一时期的美国外交政策史中发现，美国石油公司被授予代表美国与其他国家谈判石油协议的权力。[10]

美国城市扩张在全球影响深远，但在美国完全是特殊利益政治集团的一个功能。今天，城市扩张仍然是支撑世界经济的重要手段。为此，中东和中亚的石油和天然气供应仍然是重中之重。接下来，笔者要提出一个论点，即美国的民用核能是特殊利益政治的结果。

2.2 民用核能

大量文献将美国民用核能政策描述为核工业本身的产物。[11]也许这些文献中最好和广为引用的例子是马克·赫兹加德（Mark Hertsgaard）的《核能公司：核能背后的人与钱》。[12]赫兹加德认为，美国核电行业的领导层被纳入了他所说的“Atom 兄弟会”，基于化石燃料的有限性和温室效应，[13]该协会预见到了美国（和世界）使用核动力的必然性。核反应堆生产企业通过雄厚财力以及政企关系，获得了大量补贴（包括示范核电站在内的研究），并且从放射性意外释放的诉讼中获得了有限保护。[14]此外，政府直接
23 承担了浓缩核燃料（循环利用[15]）的任务，也对核废料的长期储存承担了最终责任。[16]赫兹加德在 1983 年写了他的著名著作，当时美国核电业在短期内仍未能够从 1970 年代末的挫折（最突出的是 1979 年的三哩岛核事故）中恢复过来。

美国学者里克·埃克斯坦（Rick Eckstein）的《核能和社会权力》一书中阐述了美国在核电领域的特殊政治利益的不同组成部分。[17]埃克斯坦特别指出，当地增长联盟是核电厂的潜在对手。[18]根据埃克斯坦的说法，当地商业利益成功阻止了纽约长岛 Shoreham 核电厂项目的启动。核电站是对公共卫生的潜在威胁，因此，对当地的房地产价值，以及当地的商业环境都是潜在的威胁。因为人们和企业都不愿生活在这个地方。埃克斯坦指出，尽管如此，在当代，联邦政府已经重新启动了核电站建设。[19]

美国的核能政策不可能是特殊政治的利益总和。最引人注目的是，没有证据显示化石燃料工业（即石油、天然气和煤炭）曾在政治上阻碍了联邦政府的发展和核电的推广，尽管成功的民用电力项目会消除化石燃料作为能源（尤其是煤炭）的需求。核能虽然不能对燃油汽车带来直接经济威

胁，从理论上讲，核能能够产生如此多的廉价过剩能源，以至于电动汽车，或氢能汽车是可实现的。[20]

化石燃料行业非但没有反对，反而在 20 世纪 50 年代表现出对核能的重大政治支持。1956 年提交给国会原子能联合委员会的“和平利用原子能”报告中体现了这种支持。该报告由和平利用原子能小组汇编。撰写报告时，该小组邀请了“合格的个人、组织和研究团体，每个小组都独立运作，并向研讨会讨论小组提交独立的事实调查结果和结论。总共有 327 人参加了这项工作，[21]他们都是本行业的权威。”该小组建议对民用核能提供公共财政支持。它宣称：

如果行业不承担全部的风险和负担，那么美国联邦原子能委员会应该支持一项原子能方案，它可以在竞争的基础上被有效和广泛的使用，甚至利用公共资金建设一个全尺度的“示范”工厂。 24

专家小组强调：“（原子能）方案的紧迫性要求对原子能技术资源优先探索。”小组的结论是：“原子能被作为一种电力来源加以利用，是经济和公共政策考虑的对象。”[22]

许多化石燃料公司和行业协会帮助撰写了小组报告。其中包括美国石油学会（贸易协会）、美国气体协会（贸易协会）、阿巴拉契亚煤炭公司、海湾石油公司、国家煤炭协会（贸易协会）、国家石油理事会（贸易协会）、壳牌石油公司、得州有限公司（石油公司）、加州标准油公司、印第安纳州标准油公司和新泽西州标准油公司。[23]

该小组对核能计划给化石燃料行业带来的负面影响漠不关心。它写道：“即使是同核能关联最直接的行业也可能会出现破坏性的影响。”报告还称，“煤炭行业最容易受到原子能的冲击，例如，原子能这种能源将来更为复杂和更为强大。”专家组补充说：“原子能被作为一种电力来源加以利用，是经济和公共政策考虑的对象，其影响力国内外都会受益。”[24]

因此，无论是联邦政府的城市扩张政策，还是民用核能，都不能简单地从特殊利益政治的角度来解释。相反，我们必须关注那些能够确定并影响美国政治和经济总体利益的政治进程。如上所述，有两个不同的理论阵营试图确定和分析美国的一般政治利益形成和实施的过程，即国家自治理论和经济精英理论。

2.3 国家自治理论

国家自治理论的核心是国家内部的官员能够对所有社会团体实行自治。[25]国家内部官员具有特殊的理论意义，因为他们经常处理政治和经济事
25 务。此外，在许多情况下，还向他们提供了这样做的资源，例如法律权力和预算。[26]这个论证说明了，政府内部的自治官员推动国家行为。在他的书中把现代环保主义在美国的兴起与城市扩张联系起来，他认为联邦政府从20世纪20年代开始就把低密度住宅开发视为获得广泛住房所有权的手段。[27]与国家自治立场一致的还有斯蒂芬·克拉斯纳（Stephen Krasner）的观点，即美国在涉及包括石油在内的原材料方面的外交政策，在历史上一直受到国家内部官员意识形态的影响。[28]

在这种背景下，自主的政策制定者能够而且确实能够利用不同的公共利益倡导者、科学家和经济学家来决定如何优先考虑各种需求，以及如何解决这些需求。[29]以这种方式，公共利益集团被纳入决策过程。科学家和经济学家在国家自治理论中具有特殊的重要性，这是因为他们能够提供指导政府官员的技术诀窍。科学家和经济学家还引导国家官员关注政治、经济、环境和社会问题，这些问题必须得到解决，以避免引起严重的灾难。[30]根据美国著名学者西达·斯考切波（Theda Skocpol）的说法，专家的合法性和有用性（这是因为他们“通常……”试图充当“第三种力量”的调解者，淡化阶级利益和阶级斗争的作用，促进国家或其他“公共”能力的扩张，以规范经济和社会关系）。[31]

然而，关于气候变化问题，联邦政府历来回避了许多科学家和环保团体的建议和行动。[32]科学家们已经达成了共识，即继续不受控制的二氧化碳排放给地球的生物圈带来了可怕的后果。这一共识包括由主要气候科学家组成的政府间气候变化专门委员会。[33]克林顿政府的确签署了旨在减少温室气体排放的1997年《京都议定书》，要求美国在执行议定书方面存在一些漏洞，尽管他不情愿，但还是照此做了。由于美国努力使自己在应用该议

定书时获得豁免，因此无法就执行该议定书的协定进行谈判。[34]2001 年初，乔治·布什政府退出该议定书。随着美国退出议定书，其余签署国成功地谈判了其执行情况，而在这些国家中，议定书于 2005 年生效。[35]（《京都议定书》于 2012 年到期，没有延长条约。） 26

在 2009 年哥本哈根世界气候大会上，奥巴马政府无法与世界其他国家政府就具有约束力的全球变暖协议问题达成协议。这个失败的主要原因是美国不愿意详细说明如何解决大规模的温室气体排放（美国参议院在会议前夕没有通过气候变化立法）。[36]在美国谈判战略的指导下，2015 年巴黎气候变化大会仅出台了关于全球变暖排放的自愿协议，而不是具有约束力的条约。此外，有针对性地削减并不能防止破坏性的全球变暖。[37]

2.4　经济精英理论

虽然多元精英理论家描述了个人企业决策者如何控制特定和狭窄的政策领域，[38]但经济精英理论家认为，这些企业决策者以及其他财富人士制定和实施了对国家广泛有利的政策。此外，虽然多元精英（和批判性多元论[39]）的理论支持者认为，商界在社会和政治面前是四分五裂的，但这个群体的所有者和领导，可以最恰当地描述为——他们构成了一个连贯的社会和政治单元或阶层。[40]

美国学者克莱德（Clyde Barrow）指出："通常，资本主义阶层（或经济精英）的成员被确定为主要管理公司或拥有这些公司的人"。他补充说，这个组合不超过美国总人口的 0.5% ~1.0%。[41]这个群体是公司或商业界的上层阶级。经济精英所拥有的资源，使其能够对政府机构施加影响力。[42]经济精英的财富和收入使其能够积累更多的其他宝贵资源，[43]如社会地位[44]、尊重[45]、宣传[46]、声望[47]、组织[48]、竞选资金[49]、游说[50]、政治通行证[51]以及法律[52]和科学专业知识[53]。

在经济精英所采用的方法中，尽管经济精英按照与他们持有的物质财产进行分级，但由于经济利益的不同而产生的政策差异可以而且是可以调解的。

特殊的社会和组织机制，使得企业领导者解决特定部门内部和企业界
27 不同部门之间发展的困难。现存的一些社会和组织机制为企业领导人在解决特定部门内以及不同部门之间发展困难时提供了便利。对于特定行业或不同行业之间的分歧，贸易或商业协会起到了调节冲突的作用。美国著名修正派史学家威廉·A. 威廉斯（William Appleman Williams）在 19 世纪围绕美国政治历史的经济，外交和贸易政策阐述道，全国各地的农业利益团体组建了商业协会，以解决他们的共同问题：如何获得进入新市场的机会，以及有利可图地吸收美国产生的农业盈余。威廉斯写道：

农业企业参加建立了农业俱乐部和会社。无论是在全国范围内成立，如美国短刺协会（1846）和农业协会（1852），还是在州的基础上成立，如印第安纳园艺协会（1841—1842）和威斯康星农业协会（1851），这样的团体到 1849 年，总计 621 家组织。[54]

威廉斯指出，这些组织“帮助缓解了”源自美国庞大而多样的农业部门内的经济和政治“冲突”。[55]

社会机构，如社会俱乐部和乡村俱乐部，也可以作为一种手段，通过这种手段，在商界上层就各种经济、政治和社会问题达成政治共识。[56]基于对美国和英国大公司的广泛研究，美国著名学者迈克尔·尤西姆（Michael Useem）认为，担任多个董事会成员的公司董事往往是企业界在各种政治问题上取得共识的一种手段。[57]

在争议巨大的问题上，如城市扩张和民用核能，商界领袖也能够通过“政策规划网络”达成政策协议和共识。根据美国社会学家威廉·多姆霍夫（G. William Domhoff）的说法，政策规划网络由四大部分组成：政策讨论小组、基金会、智库[58]和大学研究机构。这个网络的预算很大程度上来自企业。此外，构成这一政策规划网络组织的许多董事和受托人往往直
28 接来自企业的上层。他们有助于确定政策规划的总体方向，并直接选择管理这些组织的日常工作人员。[59]

多姆霍夫描述了那些在政策规划网络中管理和运作的经济精英成员，他们的政治行为如下：

政策制定过程是权力精英在更大问题上制定政策的手段。正是在政策

规划网络的组织内部，各种特殊利益集团联合起来，慢慢地摸索着制定总体政策，使他们作为一个整体受益。正是在这一政策过程中，企业界的各个部门超越了他们的利益集团意识，形成了整体的阶级意识。[60]

因此，在政策规划网络中运作的经济精英成员具有宽阔的眼界，并代表整体经济精英采取行动。在这个政策规划网络中，经济精英成员对外交政策、经济政策、商业监管、环境政策和国防政策等问题的立场感兴趣。[61]在第 3 章中，我解释说，由 20 世纪基金会组成的，经济精英领导的特别工作组指出，非常规（或合成）化石燃料（如油页岩）填补了 1973 年石油危机造成的供应缺口。

这种广泛的视角还允许政策规划网络制定计划和职位来应对其他团体和组织。例如，该网络在福利和教育等政策领域制定职位和计划。这些计划可以采取多种形式，取决于企业界和国家所面临问题的范围和水平。[62]

多姆霍夫认为，政策规划网络的焦点是政策讨论小组。政策规划网络的其他组成部分——基金会、智库和大学研究机构，通常为政策讨论组提供原始研究、政策专家和想法。[63]政策讨论小组主要由企业界和上层阶级的成员组成，成员有外交关系委员会、经济发展委员会、全国制造商协会和美国商会。总体而言，政策讨论小组是经济精英成员与政策专家一起制定政策的竞技场，是经济精英成员评估政策专家为政府服务的场所。[64]企业政 29
策讨论小组的另外两个突出例子是世界可持续发展工商理事会和国际商会。正如本书第 6 章中解释的那样，这两个组织都是由来自世界各地的公司组成的。面对当代对能源储备减少的担忧，特别是石油，这些组织不提倡通过减少城市扩张来节约能源。相反，它们强调能源效率和发展替代能源（包括核能）。

2.5　TCC，国家和全球能源政治

国际商会（International Chamber of Commerce）和世界可持续发展工商理事会（World Business Council of Sustainable Development）等组织的国际企业会员身份，美国著名学者威廉 · I. 罗宾逊（William I. Robinson）[65]

给它们贴上了跨国资产阶级（Transnational Capitalist Class，TCC）标签。思想家罗宾逊与笔者、克莱德和多姆霍夫[66]的区别在于我们赋予国家的角色（广义而言）。罗宾逊等人[67]认为，随着财富的增加和公司所有权的集中化以及世界经济的自由化[68]（即新自由主义：资本、货物和服务的自由流动[69]），国家具有的政治意义正在下降，因为世界各国政府被迫降低其经济中的生产成本，以吸引和维持 TCC 投资。[70]克莱德[71]和我[72]认为，国家（在 TCC 的支持下）远不是无关紧要的，而是维护由美国主导的新自由主义全球系统。[73]这在能源领域显而易见。[74]

例如，美国的大部分军事能力是为了监督全球能源系统（尤其是石油）。[75]克里斯托弗·琼斯（Christopher F. Jones）在《权力路线：能源与现代美国》中指出，运输能源（包括电力）的基础设施是美国化石燃料政治的核心。[76]琼斯概述了政府权力（和补贴）在美国能源运动中发挥的关键作用。更确切地说，运河、铁路、高速公路、管道和输送走廊（都是能源运输所需的）都是由各级政府赞助的。[77]

30 同样，加拿大石油业的中心是阿尔伯塔省政府。[78]阿尔伯塔省政府通过推动运输基础设施（管道、铁路）建设来支持其石油工业，以出口该省的能源资源。[79]值得注意的是，加拿大阿尔伯塔省省会艾德蒙顿（Edmonton）在 1980 年代初期强烈反对国家政府在出口和价格管制、公有制、对石油部门大幅提高税收方面的努力。[80]国家政府 1980 年的能源政策（即所谓的国家能源计划）在一个经济精英政策讨论小组——国家问题商业理事会（BCNI）的干预下被果断地缩减了。[81] BCNI 成立于 20 世纪 70 年代初，1987 年被描述为“由 150 家加拿大公司首席执行官组成。”[82]今天，BCNI 被称为加拿大行政长官理事会。

此外，加拿大政府致力于减轻生产造成的影响，例如在“勘探和生产过程中尽量减少不必要的地表损伤；小心处理水和其他废料；处理废弃井；减少管道泄漏和井喷的风险。”同样重要的是尽量减少石油资源本身的损失（如降低天然气燃烧，提高回收率，提高可商业化生产的资源量百分比）。[83]阿尔伯塔省政府通过能源资源保护委员会对石油部门进行监督和管理。[84]

随着国家权力在全球和地区能源政治中扮演着明显不可或缺的角色，政治权威（例如对能源的控制）是世界体系运行的核心因素。这将取代那些将思想斗争作为首要问题的观点，成为国际关系的驱动力。[85]例如，尽管自由市场言论合法化，[86]但由于美国外交政策（在主要石油公司的支持下），加拿大的石油工业出现了两极分化，阿尔伯塔省的石油管道系统仅限于北美的西半部，而利润丰厚的加拿大东部市场则靠进口（尤其是从委内瑞拉进口）维持。[87]直到现在，随着“易开采”石油的消失，一条连接阿尔伯塔石油工业和加拿大东部（蒙特利尔）的主要管道正在计划建设，使其相对容易地进入海外市场。[88]

由于能源控制是当代世界政治形成的关键，国际关系领域的现实主义学派[89]在分析现代世界体系方面占据很重要的位置。[90]简单地说，政治/军事对生产要素（如珍贵和不可替代的石油）的支配导致了对观念的支配和对国际霸权的其他组成部分的支配。 31

2.6　环境组织和政策规划网络

某些环保集团，就其领导地位或筹资而言，具有经济精英领导的政策规划组织的特点。[91]这些组织包括 20 世纪 60 年代之前的塞拉俱乐部（Sierra Club）、拯救红杉联盟（Save the Redwood League）和环保协会（Environmental Defense Fund）。例如，环保协会从大型基金会获得大量资金，其董事会中有几位企业高管。[92]苏珊 · 施雷弗（Susan R. Schrepfer）在对塞拉俱乐部早期特许会员的调查中发现，约有三分之一的会员是学者，“其他人几乎都是在旧金山金融区工作的商人和律师。”[93]俱乐部成立于 1892 年。施雷弗继续解释说，在 20 世纪 60 年代之前，商界人士一直是俱乐部会员和领导层的重要组成部分。[94]与 Sierra 俱乐部不同的是，在拯救红杉联盟的管理委员会中，一直保持着经济精英高水平参与的历史惯例。联盟的封闭治理结构造成了“理事会和董事会越来越多地被商人和贵族主导，在 20 世纪 50 年代和 60 年代，很少有学者被引入该组织的领导层。”[95]

经济精英可以利用他们与环境和自然资源团体的关系获取信息和政策建议，以便必要时制定有关环境和自然资源问题的公共政策。[96]2007年，自然资源保护委员会与美国环保协会，世界资源研究所和皮尤全球气候变化中心组成了美国气候行动合作伙伴关系，主要业务来源有：杜邦、通用电气、美铝、卡特彼勒、杜克能源公司、加州PG&E、佛罗里达州FPL集团、新墨西哥州PNM资源公司、英国石油公司和雷曼兄弟公司。其政治目标是通过开发和部署节能减排技术来减少温室气体排放。[97]加拿大油砂问题上存在混合经济精英、环保团体政策组织，如北美油砂联盟（NATSC）。

32

2.7 北美油砂联盟

最近，新闻调查证实，部分经济精英政策网络以加拿大油砂政治和政策为中心。记者麦克唐纳·斯坦斯比（Macdonald Stainsby）在为网络书籍《加拿大维度》撰稿时指出，在慈善的幌子下，经济精英正在操纵反对“自由贸易”团体的政治活动。斯坦斯比着重分析了北美油砂联盟。这个联盟包含一些反对油砂生产的团体：彭比纳研究所，加拿大环境保护组织，森林世界，加拿大世界野生动物基金会（加拿大），加拿大Sierra俱乐部（以及相关地方分会），生态正义，加拿大北部倡议、“也许最重要的是”绿色和平组织加拿大。NATSC几乎所有的资金都来自经济精英领导的基金会。斯坦斯比基金会受到Sunoco（一家石油公司）数十亿美元的资助，今天他们的董事会超过50%与Sunoco有关联，无论是通过斯坦斯比家族，还是通过企业高管同这家石油巨头进行合作。其他通过潮汐基金会（其他慈善家和基金会的清算所）向NATSC捐款的基金会有：洛克菲勒兄弟、福特和休利特。[98]

斯坦斯比认为经济精英资助或者参与团体，反对加拿大油砂开采，体现了在“选择环保主义”方面的努力，促使环保团体签署“油砂合作协议”，这只能略微减轻开发油砂对环境的损害。马克·道伊（Mark Dowie）在其1995年出版的《失势：20世纪末的美国环保主义》一书中指出，20 世纪 80 年代，在里根（Reagan）政府的领导下，环保主义（即环保团体）在美国开始兴起。[99]

更糟糕的是“象征性包容”的前景（见第 6 章）。[100]因此，环保团体参与国家石油安全委员会等组织，以及任何旨在减轻开采油砂对环境造成损害的环境协议/立法，都可能只具有象征意义。在实践中，尽管与环保组织达成了协议或有法律明文规定，但从油砂中提炼石油的生产活动仍在全力进行。在这种情况下，协议或法律只是意在安抚公众对环境问题的舆论。[101]

“政策规划网络”是理解或分析经济精英资助参与反对油砂开发的另 33
一种方法。因此，除了潜在的管理环境组织抑或公众舆论，经济精英们可能会与那些反对油砂的人接触，以获得对这一能源周围环境问题的更深入了解。反对派组织采用了很多科学论点批评油砂，教育经济精英（和其他人）有关油砂的环境和经济风险。[102]值得注意的是，最近，不列颠哥伦比亚省建议反对加拿大恩桥北方管道网的提议。[103]该管道仍在计划当中，以防 Keystone XL 管道项目提议被否决。在反对修建从阿尔伯塔油砂到不列颠哥伦比亚省间的输油管道争论中，省政府利用了反对党提出的环保批评。[104]正如第 1 章所述，未能修建安桥公司管道，甚至是 Keystone XL 管道项目，可能并不会减缓加拿大的油砂开采，因为目前正在建造一条强大的油砂管道。

2.8　经济精英与城市、区域政治、政策

组建经济精英领导的政策讨论小组是为了在城市层面制定政策。国家市政联盟就是其中一个突出的例子。[105]通过该组织在全国范围内的努力，开始逐步推进公务员体制改革，即“规范人事行为，通过竞争性招标来控制采购，通过城市管理者的形式使决策系统化，通过大规模选举来削弱工人阶级的投票权”。[106]

回到资本主义政治和经济的“一般利益”问题，经济精英的做法表明，国家统治的普遍利益概念不是在国家内根据不同的经济转型来决定

的。这种看法隐含在新马克思主义的政治观点以及国家自治理论中。[107]相反，正是通过政策规划网络运作的经济精英和生产者团体决定了资本主义中的哪些问题将由国家来解决，以及如何解决。

本土经济精英（例如大型土地所有者、土地开发商、公用设施业主和当地媒体以及房地产律师）为了增加土地价值，扩大当地消费群体，历来
34 都将地方经济发展目标寄托在地方和州级政府上。这些特殊的精英们被纽约大学教授摩洛奇（Harvey Molotch）标榜为当地发展联盟。[108]在美国，是地方经济精英（尤其是大型土地所有者和开发商）推动了早期城市扩张。城市扩张技术通过经济精英主导的政策规划组织来传播和规范——最显著的是全国房地产协会委员会（NAREB）的建筑商、分区师以及城市规划委员会。[109]美国学者亚历山大·布鲁斯·基尔帕特里克（Alexander Bruce Kilpatrick）在文章《激励教训：阿尔伯塔省省会首都竞赛，1904—1906年》中解释道，埃德蒙顿被选为阿尔伯塔省省会的关键因素是当地的助推器（经济领袖）使得卡尔加里成为阿尔伯塔省的一个更有利的地点。[110]

阿尔伯塔省的区域增长联盟（20 世纪上半叶）是发展加拿大油砂科学和工程的重中之重（第 3 章）。在第 4 章中，作者概述了在 20 世纪 20 年代，当经济精英们看到城市扩张的广泛经济利益时，联邦政府是如何开始推动城市扩张的。同样，在第 3 章中，作者指出了在 20 世纪 50 年代，石油行业的精英们是如何在冷战和美国汽油消费不断增长的背景下，将加拿大油砂视为一项战略资产的。尽管全球变暖危机不断加剧，但经济精英们在 2009 年的一份报告中指出，油砂有助于北美的“安全”（见第 5 章）。

2.9 小　　结

在人口超过 4000 万的国家中，美国是人均能源消费最多的国家（表 1.2），也是迄今为止人均二氧化碳（主要温室气体）排放量最大的国家（表 2.1）。[111]因此，它对全球变暖、能源消耗和国际气候变化政策等问题起着特别重要的作用。

美国通过城市蔓延来消耗大量化石燃料，这使能源消耗已成为一个特

别严重的问题。美国正在寻求通过促进北美非常规化石燃料革命（包括开 35
发加拿大油砂）来应对能源供应（特别是石油）的危机。

表 2.1　选定国的二氧化碳（CO_2）人均排放量[*]

国　家	人均二氧化碳（CO_2）排放量（吨）
美　国	16.2
俄罗斯	11.6
德　国	9.2
日　本	9.6
韩　国	12
英　国	7.2
法　国	5.1
中　国	6.6[**]
印　度	1.6

注：* 所有数据均为 2012 年（中国除外），所有选定国家的人口超过 4000 万。

资料来源：国际能源署，燃料燃烧的二氧化碳排放量：焦点，2014 年（巴黎：国际能源署，2014 年）表格：二氧化碳排放/人口，p84 - 86。

** 数据为 2013 年，其来源是：国际能源署，“燃料燃烧二氧化碳排放摘录”，2015 年版（巴黎：国际能源机构，2015），viii。

学者们试图从特殊利益政治的角度来解释美国的能源供求政策，然而，美国的城市蔓延和民用核能并不仅仅是特殊利益项目的产物。相反，两者都是对美国国家和全球利益的一种特殊认识的结果。作者的观点是，这一概念是由经济精英通过政策规划网络形成的，并由他们强加给国家。

当代全球能源政治表明，国家（广义上的构想）是维持当今世界体系的核心。接下来，将介绍加拿大油砂开发是如何被视为符合北美国家/地区利益的。

37

第3章　加拿大油砂政策网络

加拿大油砂（或焦油砂）是分析美国能源政策的核心。位于阿尔伯塔省的油砂是原油的高碳替代品。油砂（即沥青）预示着大气中的二氧化碳含量将大幅上升。关于加拿大油砂争论的焦点是 Keystone XL 输油管道，该管道将阿尔伯塔省与得克萨斯州（休斯敦）的石油精炼基础设施连接起来。[1]该管道可能会加快油砂开发的步伐。正如《纽约时报》所指出的那样，“即使奥巴马总统否决了这条输油管道，也不会有太大影响。”因为“石油公司已经在建造铁路终端，将石油从加拿大西部输送到美国”。[2]

同样，另一位观察家解释说：“经常被忽视的是，Keystone XL 输油管道只是（加拿大）哈珀政府完成或提议的 13 条输油管道中的一条，这条管道将延伸 1 万英里①，而不仅仅是到达墨西哥湾即休斯敦，同时也可到达大西洋和太平洋。[3]从油砂中开采更多的石油，是北美市场（尤其是美国）石油需求高企及对现有常规原油供应普遍担忧的结果。”[4]

尽管加拿大油砂最近一直是新闻焦点，[5]但自 20 世纪 50 年代以来，这种石油资源一直是北美石油战略的一部分。了解油砂作为加拿大/美国能源思维的一部分，就必须确定以经济精英为主导的政策规划网络，通过该
38 网络，北美企业可以制定政策理念和政治共识。[6]在北美石油工业将油砂纳入其未来能源的战略之前，早在 20 世纪前 10 年，阿尔伯塔省地区增长联盟就推出了油砂（作为鼓励区域经济活动的一种方式）。[7]因此，油砂的发展与经济精英理论一致，也是这种方法的一个次级理论——局部生长机理论。

---

① 1 英里（mi）= 1.609 344 千米（km）。

该分析从对 Keystone XL 管道项目的讨论开始。接下来，主要介绍阿尔伯塔省政府是如何设法鼓励焦油砂开采的。对比加拿大油砂的地方支持与美国西南部对太阳能发电的地方政治支持可以得出结论，在 20 世纪 50 年代和 60 年代的冷战的背景下，美国石油、汽油消费急剧增长，加拿大的油砂被认为是一种战略资产。这一推理在 20 世纪 60 年代初达到顶峰，当时的大公司 Sunoco 开始从油砂中开采大量石油。20 世纪 70 年代的石油危机强化了这样一种观点：非常规石油，比如油砂，是一种战略资产，可以用来满足美国的能源需求。

3.1　Keystone XL 管道项目

美国强势表明将会建造 Keystone XL 管道。这包括建设管道计划的一部分，美国国务院 2014 年的一份报告认为，如果建成 Keystone XL 管道[8]（预计运载 83 万桶石油）将产生最小的环境风险，但无论 Keystone XL 管道是否建成，加拿大油砂都将被开采。[9]如前所述，加拿大油砂开采将大大增加大气中的二氧化碳含量。就连国务院报告中支持 Keystone XL 输油管道的作者也指出，从油砂中开采石油产生的二氧化碳比传统石油多 17%[10]，目前，油砂的日产量为 170 万桶，预计到 2021 年将达到 370 万桶。[11]

油砂另一个重大环境风险是泄漏。液化沥青（dilbit）含有剧毒，而且很难清除。正是由于对泄漏的恐惧，不列颠哥伦比亚省反对加拿大安桥公司（Enbridge）北部门户项目（Northern Gateway）管道计划（见第 2 章）。[12]正是出于这种担忧，奥巴马政府在 2011 年拒绝了最初的 Keystone 39
XL 输油管道项目。[13]如果美国政府授权建设 Keystone XL 管道（尽管扩大油砂生产面临严重环境风险），这在一定程度上就承认了石油工业（和北美公司）已经将油砂概念化为常规石油的可行替代品。正如我们已经提到的，早在 20 世纪 50 年代，在商业主导和融资的政策规划网络中，这种推理就已经很明显了。

作为一项能源战略，北美地区的能源保护（即直接削减能源使用）在公司规划中被明确剔除了。早在北美石油业将油砂纳入其未来能源战略之前，油砂（作为鼓励区域经济活动的一种方式）就被阿尔伯塔省地区增长联盟大力推广。

3.2 阿尔伯塔省研究委员会

从历史上看，在北美地方政府中，阿尔伯塔省政府一直是寻求推动该地区经济繁荣的最积极的政府之一。鉴于北美西部的其他地方政府局限于提供吸引资本投资和劳动力所需的法律、政治和物质基础设施（如道路、港口、学校等），阿尔伯塔省采取更直接的方法促进地方区域经济活动。[14]埃德蒙顿补贴了各个经济部门，包括牧场、农业和制造业。[15]

增长理论表明，埃德蒙顿促进地方/区域经济增长是由地方/区域增长联盟驱动的。区域或地方增长联盟由那些从特定地区经济增长中获益的经济精英组成。地方增长联盟的核心群体是大型土地所有者和土地开发商（即房地产利益）。这些联盟的其他重要成员包括银行、公用事业、区域媒体和专门从事房地产交易的律师事务所。地方增长联盟力求吸引投资和经济活动到其特定地区。大型土地所有者和土地开发商受益于特定地区投资和经济活动的增加，因为这种增加通常会转化为对土地和建筑设施的更大需求，从而提升土地和设施的价格。当地增长联盟的其他成员受益于当地
40 经济增长，因为这种增长普遍扩大了当地消费者群体。北美西部经济发展重中之重是铁路，通过创造交通量促进地方和区域的经济增长。[16]

为了实现有效益的经济增长，当地增长联盟（Local Growth Coalitions）营造政治生态环境，吸引投资行业、旅游资源及其他经济活动来本地投资。[17]在《空气污染政治》一书中，笔者介绍了美国地方经济利益是如何引领制定旨在减少城市空气污染所需的法律/监管规则的。[18]地方增长联盟采取这些行动，因为严重的局部空气污染（烟雾、光化学烟雾）给区域经济发展造成了威胁。欧文·坦比（Owen Temby）表示，这些利益集团在加拿大（多伦多）成功地获得了类似的结果。[19]在《美国水污染政策政治》一文中，我指出了地方经济利益在部署水污染管理工程方面处于优势地

位。因此，地方增长联盟采取这些行动，是因为管理不善（或过多），局部水污染（原污水、水源毒素）会对区域经济产生威胁。[20]

与经济精英理论一致，地方增长联盟利用对地方经济增长的渴望来主导地方政治议程，因为其成员拥有财富和收入这些政治资本。例如，历史学家德诺特（a. a. Den Otter）概述了 19 世纪晚期富裕的高尔特家族[21]如何在塑造阿尔伯塔省南部的增长战略及其与蒙大拿州的经济联系方面发挥重要作用。[22]因此，地方和州政府追求地方经济增长的同时，往往以牺牲其他利益为代价。[23]

从 20 世纪前 10 年开始，阿尔伯塔省政府直接推广油砂。[24]阿尔伯塔省政府推动油砂似乎是从 1909 年开始的，在该省北部油砂区——麦克默里堡（偏远地区）建造了一条铁路线。[25]因此，阿尔伯塔省增长机制表面上是专注于油砂政策规划网络的中心。

该省通过阿尔伯塔大学的阿尔伯塔省研究委员会，大力支持油砂。巴里·弗格森（Barry Ferguson）曾任阿尔伯塔大学校长，他在校史中提到阿尔伯塔省研究委员会成立于 1911—1912 年，“对阿尔伯塔贡献良多”——
监督“一些专业学院的工作人员参与阿尔伯塔的利益研究。”“农业和工 41
程学院的情况尤其如此，但也涵盖了地质学和化学等其他领域。”[26]该委员会最初的名字是阿尔伯塔省科学和工业研究委员会，它是“加拿大第一个此类的省级研究机构”。[27]在政府对加拿大油砂历史性政策方面，弗格森阐述道，“理事会的重要性体现在以下事实：省长本人就是理事会主席，理事会成员包括内阁成员和大学校长。”[28]

直到 20 世纪 50 年代，石油工业领域对阿尔伯塔油砂兴趣不大。保罗·查斯特科（Paul Chastko）在《阿尔伯塔省油砂发展》中记录了加拿大油砂公司的油砂发展史及政治情况，他指出了从油砂中提取石油所面临的工程挑战。查斯特科解释说，“油砂中的石油不像润滑油那样流动”。

在最好的情况下，它是非常黏稠的，有观察者认为，从沙子中提取石油类似从一碗糖中除去蜂蜜。[29]通过阿尔伯塔省研究委员会，省政府资助了卡尔·克拉克（Karl Clark）的研究和推广工作。大学校长约翰斯（Johns）指出，克拉克是由政府任命来调查 Athabasca 发烟砂的。[30]查斯特科注意到政府研究人员的工作类似于克拉克在油砂上的工作，“政府资助的研究显然发现了一个易于接受的受众群体，因为商业项目只是在政府研究人员开辟的研究道路上进行了扩展。”[31]阿拉斯泰尔·斯威尼（Alastair Sweeney）在其《油砂史》一书中对此表示赞同。他认为“多亏了像克拉克这样的研究人员，油砂中大部分化学成分才得以被调查完成”。[32]大卫·克拉尼（David Crane）在他对加拿大化石燃料政治的评论中指出，阿尔伯塔省政府“在开发油砂技术方面发挥了积极作用”。[33]

阿尔伯塔省的石油政策确实对阿尔伯塔省石油工业造成了政治摩擦和政治抵触，这是因为阿尔伯塔省的石油生产“搁浅”了。

换言之，阿尔伯塔省提取的石油仅限于到达北美中西部地区（加拿大东部由国际石油生产商提供[34]）。因此，阿尔伯塔省石油生产商的市场是有限的——一个容易出现生产过剩/过多供应的市场。第二次世界大战后，该省[35]发现了大量石油，美国在 20 世纪 50 年代制定了石油进口配额，加剧了这种“疲软”。[36]为了管理这种情况，阿尔伯塔省授权保护委员会按比
42 例分配区域石油开采。[37]因此，油砂生产向常规原油占据的市场进军。更糟糕的是，在石油价格偏低的情况下，油砂可能会取代常规石油。这是因为油砂提炼是劳动力和资本密集型的企业，即使在低价格的环境中，生产也会持续下去，以便保留住熟练劳动力，支付高昂的设备成本。[38]因此，加拿大石油协会对保护委员会提出建议，每天从油砂中生产出 20000 桶石油，加拿大石油协会成立了一个特别委员会，“准备一份有力的摘要，抗议申请人提交的申请。”[39]

然而，在 20 世纪的大部分时间里，省政府“将努力支持油砂”。[40]这项工作包括为示范项目和私营企业融资。[41]

加拿大油砂与美国西南部沙漠的对比是恰当的。就像加拿大的油砂被转化为可用的能源一样，美国西南部沙漠地区也是太阳能获取/转换的理想之地。太阳能也像油砂一样需要政府的支持。[42]阿尔伯塔省将油砂作为一项长期经济战略，因此美国西南部的经济精英们，如下一节所述，站出来反对政府对太阳能的资助。最终的结果是，政府的政策倾向于开采油砂，而太阳能作为沙漠西南地区的潜在能源，在历史上被忽视了。

3.3 太阳能和西南沙漠

在1952年总统Paley委员会的报告中，美国科学家代表对太阳能进行了最著名的辩论。

太阳能发电的承受能力相对较低，但在20世纪50年代和60年代，太阳能发电的倡导者认为，政府应该充分研究太阳能发电的潜力。[43]在《能源与帝国：美国的核能和太阳能政治》一书中，作者指出亚利桑那州的经济精英（美国西南部的中心地区）站出来反对政府支持太阳能。[44]世界太阳能应用研讨会上概述了这一反对意见。1955年的研讨会由AFASE（应用太阳能协会）组织，部分由洛克菲勒和福特基金会资助。[45]历史学家哈维（Harvey Strum）解释说，AFASE（成立于1954年）"最初由亚利桑那州和加利福尼亚州的一批商人、律师、金融家和教育工作者组成，他们在菲尼克斯地区筹集资金。"创始人之一是凤凰山谷国家银行董事会主席沃特·比姆森（Walter Bimson. Strum）写道"AFASE的组织者分享能源开发的自由企业方面，他们认为太阳能的'实际利用'取决于美国工业是否参与太阳能发展。"[46] 43

AFASE总裁道格拉斯·路易斯（Lewis W. Douglas）向研讨会致开幕词。道格拉斯此时是南亚利桑那银行和信托公司的董事会主席和董事。道格拉斯在发言中谴责"国家有责任按照国家应有权力确定的目标优先事项来分配稀缺"，相比之下，他主张"科学知识的自由和无限制地应用，应在自由社会的支配下运作，包括大多数经济权利自由调整的市场"。[47]

亨利·B. 萨金特（Henry B. Sargent）是AFASE的总裁，他的整个职业生涯都在公用事业中度过，并担任亚利桑那中央电力公司的执行副总裁，之后是亚利桑那爱迪生公司的总裁。到1955年，萨金特担任美国和外国电力公司的总裁兼董事。[48]作为AFASE的负责人，萨金特宣称太阳能的"最终成败"在很大程度上取决于商业人士。他补充道"把技术进步转化为造福人类、提高生活水平和增进人民之间了解的实际成果。"[49]

这种对太阳能采取的放任态度导致太阳能很少得到美国政府支持。历史学家福里斯特·哈维（Harvey StrumFred Strum）在《1952—1982 年美国太阳能政策》一文中解释道，“在 1952 年至 1970 年之间，美国国家科学基金会（NSF）进行了几乎所有的太阳能研究，平均每年约有 10 万美元经费。”[50]

AFASE 于 1963 年更名为太阳能学会（SES），1970 年解散（从坦佩搬到澳大利亚墨尔本）。历史学家哈维解释说，“在太阳能领域工作的人相对较少，而联邦政府的普遍缺乏兴趣阻碍了该组织的发展。”他说，“在 20 世纪 60 年代末，SES 的官员得出的结论是，除非进行大量的额外研究，并将设备成本降低到具有竞争力的水平，否则太阳能不会取代化石燃料。”[51]

44 因此，北美的太阳能发展由于缺乏地方的政治支持而受到阻碍。这与加拿大的油砂截然不同，油砂的开发确实得到了阿尔伯塔省政府的大力支持，以科研和私营部门的投资融资为主。在 20 世纪 50 年代，围绕油砂的政治似乎发生了质的转变。具体来说，北美石油工业的重要参与者出席了讨论油砂的会议。在这次会议上，随着冷战升温，美国汽油需求急剧增长，油砂被视为主要战略资源。

3.4 加拿大油砂作为战略资产

在第二次世界大战后美国汽油消费不断增长的背景下（见第 5 章），加拿大油砂成为北美石油生产体系的一部分。早在 1951 年，焦油砂被认为是冷战时期的一种资源——如果北美对国际石油供应的依赖减弱，这种资源就会被利用。值得注意的是，作为一项长期计划的一部分，[52]美国太阳石油（Sun Oil）公司开始从油砂中开采石油。1973 年石油危机之后，经济精英政策研讨小组认为合成石油是对全球石油供应不足的一种应对方法。来自焦油砂（和其他非传统石油）的石油被称为合成油。

1951 年，第一届油砂会议在阿尔伯塔省举行。查斯特科（Chastko）的会议记录如下：“高级石油公司高管，各级政府官员，以及阿尔伯塔大学的一些科学家聚集在一起听取和讨论各种油砂相关话题的论文。”在会议上提出了“油砂对于北美大陆安全的重要性”。更具体地说，“如果北美失去了便宜的离岸进口石油，油砂可以作为一种有效的支撑。”[53]参加油砂会议的代表公司有太阳石油、帝国石油、海湾石油、加利福尼亚联合石油公司和壳牌石油。[54]矿物矿产部长在会议记录中加入了官方政府政策声明。部长在致辞中强调了这一点：“采取以下政策鼓励石油发展，以满足日益增长的石油产品需求，并抵消不确定因素的影响。供应世界其他地方并进一步加强本大陆的安全。”[55]部长在会议发言中补充道：“为了安全起见，我们执行一项开发自然资源的良好计划是很重要的。”[56] 45

从 20 世纪 60 年代初开始，太阳石油公司就开始对加拿大油砂进行大规模商业开发。在从油砂中开采石油的过程中，太阳石油公司并不是为了盈利，至少在近期到中期是这样。查斯特科认为，“很难将该公司的参与解释为良好商业战略的一部分”。他指出，“良好的商业行为可能反对公司参与油砂的原油生产。因为生产成本很高，太阳石油公司在不久的将来收回初始投资的可能性似乎很遥远。”查斯特科总结说：“显然，除了对公司底线的关注之外，其他事情是太阳石油公司参与油砂的决定因素。”[57]一位研究太阳石油公司的历史学家，在题为《伟大的加拿大油砂：一个企业家的错误案例》一文中指出，到 20 世纪 70 年代初，该公司在油砂项目上“投资了 3 亿美元，亏损了 7 000 万美元”。[58]在此过程中，太阳石油公司“为油砂业务的研发做出了重大贡献”。[59]

重要的是，太阳石油公司与阿尔伯塔省的油砂政策规划网络有关联。该公司长期担任首席执行官的霍华德·皮尤（J. Howard Pew）与阿尔伯塔省 60 岁的总理欧内斯特·曼宁（Ernest Manning）[60]有 25 年的交情。曼宁来自政治上保守的社会信用党。[61]然而，作为总理，曼宁支持油砂。[62]

历史学家阿瑟·M. 约翰逊（Arthur M. Johnson）报告说，皮尤（Pew）研究中心研究油砂中石油的理由是，“石油的消耗超过了石油储量的发现，到 20 世纪 80 年代中期，如果没有一些抵消性的发展，全球可能会出现严重的原油短缺。”[63] 20 世纪 70 年代，全球出现了石油短缺，由经济精英领导的政策规划网络（policy-planning network）的确将油砂中的合成原油确定为应对这一短缺的方案。

3.5　20世纪70年代的石油危机

1973年，中东的波斯湾地区对西方盟国特别重要。1973年让人松了一口气的是，该地区为西方世界提供了关键的石油供应。该地区的石油生产国包括伊朗、伊拉克、科威特、沙特阿拉伯、阿拉伯联合酋长国和卡塔尔。伊朗、伊拉克、科威特和沙特阿拉伯是世界石油市场的主要生产国。
46 今天，波斯湾国家拥有世界上大部分已知的石油储备。据估计，仅沙特阿拉伯就拥有世界已探明石油储量的20%~25%。[64]

波斯湾的战略重要性在很大程度上是美国石油政策的结果，这在需求方面尤其明显。随着美国城市扩张（见第4章），产生了更多的汽车依赖，[65]美国的石油消费量稳步攀升（见第5章）。

美国对其明显的依赖性做出了军事回应。美国的政策制定者利用该国优越的政治和军事地位，确保波斯湾石油仍在美国的影响范围内，并确保该地区的石油充分流动。[66]

20世纪基金（即现在的世纪基金）发布的两份报告反映了对供应方面的重视，以解决20世纪70年代美国的能源问题。这个组织是一个基金会，它在20世纪50年代和60年代赞助了关于美国不断发展的经济对自然资源需求的研究。[67]20世纪基金在20世纪70年代初成立了两个政策规划小组，主要由经济精英组成，他们提出了应对美国石油形势的建议。1973年成立的一个工作队被称为美国能源政策20世纪基金工作组。该工作组由埃克森的董事和高级副总裁，美国电力公司董事会副主席，沃尔特·J. 利维（Walter J. Levy）（许多石油公司的顾问[68]），得克萨斯商业银行（得克萨斯州主要银行[69]）董事会副主席，以及卡博明国际公司（一家国际矿业公司）董事会主席组成。另一个工作组成立于1974年，被称为20世纪基金国际石油危机工作组。沃尔特是Carbomin公司和得克萨斯商业银行（Texas Commerce Bancshares）的高管。在20世纪基金特别工作组中，还有大西洋里奇菲尔德（一家石油公司）的董事会主席，投资银行狄龙、雷德公司（Dillon，Read & Co.）（一家领先的纽约投资管理公司）

的董事会主席，路易达孚集团（Louis Dreyfus Corporation）（一家投资管理公司）的董事会主席，芝加哥第一国家银行董事长兼总裁，以及富国银行（加利福尼亚州主要银行）的顾问。这些工作小组的成员还包括普林斯顿大学、哈佛大学、麻省理工学院和弗吉尼亚大学的学者（主要是经济学家），以及未来资源组织（两个特别小组）和卡内基研究所（仅在能源政策小组）的主席（未来资源组织和卡内基研究所是经济精英领导的研究机构）。[70]

在 1973 年石油短缺和石油输出国组织（OPEC）维持高油价之后，20 47
世纪基金组织工作组表示，美国应该努力开发欧佩克国家之外的石油和能源。这将有助于减弱欧佩克国家对石油和石油价格的影响。欧佩克包括所有波斯湾石油生产国，加上阿尔及利亚、安哥拉、利比亚、尼日利亚、委内瑞拉和印度尼西亚（直到 2009 年）。20 世纪基金国际石油危机工作组表示：（石油输出国组织成员国带来的）油价上涨所造成的问题的最佳补救办法就是降低石油价格。工作组认为，这个补救办法应该是依靠市场的力量。[71]工作组在报告中说："施加市场压力最有效的手段是在欧佩克以外的地区加快原油勘探开发"。[72]美国能源政策专责小组表示：国家必须采取坚定有力的行动，实施全面的短期能源计划，旨在确保更多国内石油供应和其他能源供应。[73]

这个工作组的报告继续解释：我们目前对欧佩克的依赖无法消除，但它可以而且应该减少，从而减少对欧佩克供应的竞争，从而减少卡特尔的政治和经济实力。虽然我们无法实现独立，但减少我们对石油的依赖，可能会导致供应中断，或者欧佩克采取更激进的价格政策，这种可能性要小得多。[74]

鉴于美国对欧佩克国家石油的依赖，这些由经济精英组成的政策规划小组建议没必要减少能源消费，而是提高欧佩克控制区外的能源供应量。

尤其值得注意的是，关于加拿大油砂的讨论，集中在 20 世纪基金工作组在 1977 年美国能源政策上"建议开展政府支持的新能源研发项目"。工作组专门指出了油页岩和合成油、煤化汽油（来源于煤炭）。它还建议政府资助"开发其他的替代能源"。[75]

48 就在1973年10月份的石油危机之前，两个基金能源工作组负责人沃尔特·J. 利维（Walter J. Levy）发布了一份有关加拿大油砂的报告。利维报告（1973年2月）的标题是《新兴的北美石油天平：与油砂发展政策有关的考虑》[76]。这份报告早于20世纪70年代初的石油危机，利维表示美国发生石油赤字只能通过增加预算来解决。此外，波斯湾地区的政治不稳定使决策者担心。利维认为，“从长远来看，国外石油越来越不安全，价格上涨越来越快。”他补充道，“不仅国外石油产地不安全，而且国外石油供应占比不断上升，使问题变得更加严重。”[77]

值得注意的是，利维将节能作为20世纪70年代初美国走出能源困境的回答。主张在北美内部开发能源，以降低美国石油的脆弱性。他写道：“在短期内，除了储存更多石油的措施外，美国可以减少潜在的供应问题。”[78]由于没有遏制消费，利维预见到“对安全石油来源的未来需求是如此之大，美国将在适当的时候寻求所有可能的北美资源。”[79]与利维的供应侧能源推理（偏倚）一致，他主张“长期”的政策，旨在为北美资源的开发提供激励——常规石油和天然气、合成材料（即煤制油、油页岩和焦油砂），还有核能。[80]利维认为，在北美的各种合成油来源之中，与美国油页岩或煤液化相比，加拿大的油砂至少能够在较早的时候发挥更大规模的生产潜力。[81]

3.6 小　　结

Keystone XL管道项目符合北美经济型政策规划网络中的能源战略。石油价格创历史新高（至少直到最近）导致对全球石油供应的广泛担忧，加拿大油砂用于应对全球潜在的能源需求。这个需求在第4章中做了详细
49 介绍，是由美国城市扩张（和汽油依赖）带动的。在北美能源行业将油砂概念化为备用常规石油供应之前，存在一个专注于油砂的区域政策规划网络。该网络涉及阿尔伯塔省政府，更具体地说是阿尔伯塔省研究委员会。区域增长联盟对油砂开发的政治支持是维护20世纪早期油砂技术动力的关键。最终，由霍华德·皮尤（J. Howard Pew）领导的太阳石油公司将

油砂作为一个主要的商业项目，其亏损下的努力有助于维持油砂的技术和工程环境。今天，Keystone XL 管道（以及正在建设中的其他管道）将成为加拿大油砂政策规划网络长达一个世纪的工作成果。不幸的是，这些管道（和其他运输线路）可能会将全球变暖现象推向无法挽回的境地。

51 # 第4章　城市扩张刺激经济

在第二次世界大战后期，美国并没有积极发展太阳能来提高全球能源供应（如前一章所述）。同样，美国积极地设法阻止钚作为一种动力来源（如第1章所述）。因此，将油砂推向市场的直接原因是美国忽视/压制化石燃料的替代能源。

更直接的因素是美国的石油消费——美国消耗了全球20%~25%的石油产量。城市蔓延是这种消费的主要驱动力。城市蔓延创造了经济需求，并有助于稳定经济。在这一章中，作者描述了20世纪20年代联邦政府是如何以及为什么开始推行城市蔓延政策。在本章中，作者还概述了为了应对经济大萧条，联邦政府如何在20世纪30年代加速城市蔓延政策。

4.1　联邦政府和在20世纪20年代的城市蔓延

20世纪初，美国的房地产利益集团正在传播以汽车为中心的城市蔓延。[1]除了提高城市周边地区土地的经济价值，以汽车为中心的城市扩张还扩大了汽车市场，并创造了对家用电器和家具的需求，以满足城市郊区相
52 对较大的住房要求。[2]在20世纪20年代，为了刺激经济，联邦政府开始促进城市扩张。

1921年，为了应对第一次世界大战后的经济衰退、解决失业问题，联邦政府召开了一次总统顾问会议。这次会议的主题为“总统关于失业问题的会议”，由经济精英领导的政策讨论小组策划。这些企业精英有：美国商会总裁、匹兹堡煤炭公司总裁、佩勒姆石油信托公司总裁、伊利诺伊

中央铁路公司总裁、美国轮船船东协会会长、伯利恒钢铁公司主席、国家设施和车辆协会主席。会议由商务部部长赫伯特·胡佛（Herbert Hoover）主持，他本人是一名富有的采矿工程师兼商人。[3]

会议的 12 项拯救失业建议之一是道路建设。会议认为“国会拨款修建道路会提供大量的就业机会。”[4]

“总统关于失业问题的会议”通过组委会提出建议。市政工程委员会在会议上提出了关于道路建设的建议。福特汽车公司（Ford Motor Company）副总裁詹姆斯·库曾斯（James Couzens）是该委员会成员。此外，弗莱彻股份有限公司总裁兼美国银行家协会（一个行业协会）经济政策委员会成员埃文斯·伍伦（Evans Woollen）也是该委员会成员之一。[5]委员会的报告中指出，“国家应该踏上更好的道路——拥有更多的工作计划，即使是耗尽手头的最后一美元。”[6]

道路建设提议符合汽车工业的政治议程，该议程从 20 世纪第一个十年开始，推动了国家交通基础设施的重组，促使了对汽车的依赖。1903 年，汽车制造商支持美国道路建设者协会和全国运动，让各级政府为汽车行驶的道路和公路付费。[7]1911 年，美国汽车协会赞助了第一届美国公路大会。[8]在这次大会上，查默斯汽车公司总裁休·查默斯（Hugh Chalmers）承认：“汽车工业有助于道路建设，并将从中受益”，但他强调：“修筑道路的是全体人民，应由全体人民共同建设，或全体人民应为其建设做出贡 53
献。”[9]查默斯先生通过辩论说：

“相信在美国道路体系质量这个问题上，人们被彻底地激起了想法，并且意识到‘好路’的好处不是与个人分开的，而是对所有人而言的，他们总会有一天获得利益，国会要求和国会大会第二大党合作，最终我们跟随本世纪所有其他交通运输改善步伐加快道路改善。”[10]

“总统关于失业问题会议”提出了另一个有关家庭建筑的建议。会议认为“迫切需要救济的行业是建筑行业”。住房问题是焦点，报告中称，“我们现在超过一百万个家庭面临住房短缺”。会议建议组织社区行动，这样到最后建筑物可能会被完全恢复。[11]

建筑业委员会建议，商务部部长赫伯特·胡佛（Herbert Hoover）在全国推动建设（房屋建设）方面发挥了主导作用：

“建议胡佛从对建筑感兴趣的不同人员中选出一个委员会，如金融家、劳工、工程师、建筑师、承包商、材料制造商等，并称之为建造发展委员会。”

会议建造业委员会继续表示，拟议的建造发展委员会“与商务部部长合作”。委员会明确表示“迅速取消不必要或不公平的地方限制，这些限制阻碍了真正的建筑活动。”[12]

根据总统建筑业失业问题委员会的建议，1921 年，商务部部长赫伯特·胡佛设置了区域咨询委员会。它在 1924 年推出了“国家标准分区法”。之后，更名为城市规划和区域咨询委员会，于 1928 年发布了“城市
54 规划能力法案”。“这两份文件总结了国家和地方政府落实城市土地利用总体规划纲要的基本原则。许多州立法委员通常采取一个或两个模式，几乎逐字进行，使法案得以通过。马克·韦斯（Marc Weiss）在郊区土地规划史中说，NAREB（全国房地产委员会协会）总裁（1922）和社区建设者（即郊区发展商）欧文·B. 海特（Irving B. Heitt）曾和九名与新兴城市规划专业密切相关的人士担任两个咨询委员会委员。”[13]

历史学家亚当·罗马（Adam Rome）描述了胡佛商业部是如何推进城市扩张。[14]具体如下所述：

“在整个 20 世纪 20 年代，商务部还与一个私人慈善组织——‘美好家园’合作，以促进房屋所有权的工作。该组织制作了一部题为‘家，甜蜜之家’的电影，并分发了数千份‘如何拥有自己的家庭’小册子。十年后，美国美好家园有七千多个地方单位，每个都举办各种讲座和示范活动，包括建造示范家园。”[15]

美国美好家园分会同总统建筑业失业问题委员会的建议一致，认为要延续创建地方组织的政策，这些地方组织由商务部、全国建筑联合会、美国商会等发起成立。他们明确提出广泛的社会组织时机已经成熟。建造业委员会补充说，“已经在国内成立的地方委员会，对于调整建筑形势具有深远的价值。”[16]

历史学家格雷格·海斯（Greg Hise）指出，“胡佛是‘美国美好家园

运动'[17]（Better Homes in America movement）名义上的主席"。此外，Marc Weiss 报告称，"赫伯特·胡佛在 1921 年任商务部部长后，NAREB 成为一个重要的、广受欢迎的贸易协会，与美国商务部的新部门——建筑和住房部门以及其他联邦机构密切合作。"[18]

4.2　城市蔓延和耐用品消费

20 世纪 20 年代以来的城市扩张对美国制造业产生了深远影响。汽车生产尤其明显，城市扩张造成的对汽车的依赖刺激了汽车消费。 55

经济史学家彼得·费伦（Peter Fearon）指出，20 世纪 20 年代除了英国，其他主要工业大国，"经济受到棉纺织、煤炭、造船和钢铁等传统产业的阻碍"。他解释说，"这与'美国耐用消费品行业的显著进步'形成鲜明对比。"[19]（耐用消费品预计将持续至少三年）。因此，美国经济在家用电器等大宗商品生产方面表现突出。[20]耐用消费品需求扩大，特别是汽车，带动了美国工业部门的扩张和技术的提升。[21]经济史学家亚历山大·J. 菲尔德（Alexander J. Field）认为，"美国战后繁荣导致所有技术基础已经达到 1941 年的水平。"[22]

耐用消费品在美国工业中最突出的表现是汽车生产。在 1920 年，美国汽车制造商销售了 190 万辆汽车，1929 年达到了 440 万辆。美国汽车制造商的产量占全球汽车总产量的 85%。[23]费伦解释道：汽车（对美国经济）的影响是无处不在的，例如它是钢铁行业、玻璃和轮胎制造商的主要市场之一。[24] 20 世纪 20 年代，全成品和半成品的总价值中汽车产品占比近 17%。[25]正是这些统计数字，促使经济史学家埃利奥特·罗森（Elliot Rosen）在 20 世纪 20 年代将汽车行业视为国家支柱产业。[26]经济史学家莫里·克莱因（Maury Klein）补充说：在 20 世纪 20 年代，汽车工业成为美国经济的主要支柱之一。[27]另一位经济史学家理查德·B. 杜博夫（Richard B. Du Boff）指出：20 世纪 20 年代，汽车行业成为全国制造业的领导者。[28]

1929 年的政府报告《美国最近的经济变化》中指出了 20 世纪 20 年

代城市扩张对美国经济的影响。这份报告是 1921 年总统失业问题大会的延续，是会议产生的三份报告中的最后一份，由经济变化委员会编写完成。在该委员会中，主要家电制造商有：通用电气董事长兼总裁欧文·D（Owen D）、通用汽车公司和化学巨头杜邦公司（DuPont）的首席财务官约翰·J. 拉斯科布（John J. Raskob）[29]、巴尔的摩和俄亥俄铁路公司总裁丹尼尔·威拉德（Daniel Willard）。[30]如其报告所述，近期经济变化委员会
56 的工作目标是对稳定和不稳定因素进行批判性评估，换句话说，即观察和描述整个美国经济。该委员会“分析了战后美国经济生活的发展，特别是从 1920—1921 年大萧条中复苏以来的发展”。[31]

委员会注意到 20 世纪 20 年代的城市扩张：私人汽车和公共汽车增加，加上道路的改善，大大扩大了住宅区域，并允许在有吸引力的地点进行比较开放的发展，其程度在战前是不可能的。

此外，“由于汽车，家庭活动范围的扩大……使人们加强了对郊区的关注。”[32]该委员会报告的作者明确指出：“由于汽车的普及和街道的改善，城市内和周边的住宅区得以扩展……使独立住宅在郊区显著增加。”[33]最后，委员会注意到“近年来，汽车已经成为影响社会生产的普遍因素之一”。“除了对需求的直接影响外，汽车还促进了许多社区需求的变化”，并且“这些变化促进了一些制造业的繁荣。”[34]

经济历史学家玛莎·奥尔尼（Martha L. Olney）利用统计分析证明，在大萧条前和第二次世界大战后这段时间内，耐用品（尤其是汽车）消费的大幅增长超过了收入的总体增长。正是出于这个原因，奥尔尼认为 20 世纪 20 年代标志着美国耐用消费品革命的开始。[35]

这场革命被 20 世纪 30 年代的大萧条打断了。联邦政府试图通过旨在刺激城市扩张的政策重新启动耐用消费品革命。

4.3 20 世纪 30 年代联邦政府推动城市蔓延

从 20 世纪 30 年代中期开始，联邦政府就开始为住房抵押贷款提供担保。它通过联邦住房管理局（FHA）来实现这个目的。联邦住房管理局的

立法权力体现在 1934 年的《国家住房法》中。起草该法案的委员会由马里纳·埃克尔斯（Marriner Eccles）领导，他是犹他州一位富有的商人，曾在财政部任职。在这个五人委员会中，还有通用汽车公司的阿尔弗雷德·斯隆（Alfred Sloan）执行"总裁助理"阿尔伯特·迪恩（Albert Deane）。[36]埃克尔斯领导的委员会事实上是总统紧急住房委员会中的一个分支，委员会成员包括 W. 埃夫里尔·哈里曼（W. Averell Harriman），他之所以被邀请参与，是因为"他在全国商人中的地位"。[37]正如历史学家悉尼·海曼（Sydney Hyman）所说："当新的住房计划条款最终达成一致时，海曼盼望将这个项目'出售'给企业界。"[38]联邦住房贷款银行董事会（Federal Home Loan Bank Board）主席约翰·费伊（John Fahey）也是总统住房紧急委员会的成员之一。[39] 57

值得注意的是迪恩（通过他的助手）出席总统住房委员会。到目前为止，通用汽车公司销售了美国所有汽车的一半。如上所述，20 世纪前十年，汽车企业正在推动美国交通基础设施的重组，加剧了对汽车的依赖。

汽车制造商并不是国家道路和高速公路系统的唯一支持者。研究美国公路运动的历史学家弗雷德里克·帕克森（Frederic Paxson）指出，许多早期的公路"提案背后都有资金支持。商会、汽车协会和工业组织"在政治上促成了这些提案的实现。[40]然而，汽车企业一直在积极推动基础设施建设（即道路和高速公路）。[41]在 20 世纪 30 年代初，当国家面临财政困难，开始征收汽油税时，"通用汽车公司将两千个团体带入了国家公路用户大会，以抵制这种做法。"[42]该游说活动产生了 1934 年的《海登-卡特赖特法》，该法确定"将汽油税转移到道路使用以外的地方，应该因其在联邦援助中的份额减少而受到惩处。"[43]《企业权力，美国民主和汽车工业》一书的作者斯坦·卢格（Stan Luger）表示，在 1939 年的世界博览会上，通用汽车公司"展示了一个基于郊区和高速公路的未来模型"。[44]最后，联邦大陪审团发现，许多与汽车相关的公司，其中包括通用汽车公司、加州标准石油公司和费尔斯通轮胎橡胶公司，在 20 世纪 40 年代成功地密谋拆除了包括洛杉矶、旧金山和纽约在内的 45 个美国城市的电车系统。[45]

马里纳·埃克尔斯（Marriner Eccles）的传记作者（根据埃克尔斯的

大量采访）概述了 1934 年《国家住房法》的构思："一项大规模的新住宅建设计划不仅将逐步为建筑贸易工人提供就业机会，而且'更重要的
58 是'将加速整个经济的前进。"

"它的好处将惠及所有人，从蕾丝窗帘制造商到木材、砖、家具、水泥和电器制造商。货物运输将刺激铁路活动，而对钢轨和车辆的需求将对钢铁厂产生附带影响。"[46]

此外，"如果有超额准备金的银行为住房建设提供贷款，其效果将为新资金创造基础。"[47]因此，授权 FHA 的法律目的似乎是刺激消费，包括耐用消费品（预计至少持续使用三年的零售物品，例如汽车），促使资本在银行和获利房屋部门间流动。城市扩张有助于实现这些目标，到 20 世纪 20 年代，郊区开发商已经表现出了在未开发土地上建造相对昂贵的大型住宅的偏好，远离电车线路。[48]

成立之初，联邦住房管理局就由房地产行业的官员管理，并利用其权力推动美国城市横向发展。创建于 1934 年的联邦住房管理局，其工作人员几乎全部是从私营部门招聘的。许多人是来自不同领域的公司高管，但房地产和金融背景占主导地位。例如，曾担任加利福尼亚房地产协会董事的艾尔斯·杜波依斯（Alers DuBois）是 FHA 承销部门的助理主任。弗雷德·马洛（Fred Marlow）是洛杉矶著名的分租人，他是联邦住房管理局南加州地区办公室的负责人，该办公室领导着全国的住房抵押贷款保险。与 NAREB 相关的国家数据，如房地产经济学家欧内斯特·费舍尔（Ernest Fisher）和弗雷德里克·巴布科克（Frederick Babcock），负责指导 FHA 的经济和承销业务。[49]对于这个讨论来说重要的是，FHA 的第一位管理人员是标准石油公司（Standard Oil）的执行官。FHA 的首席领导人还有两名来自汽车行业的人士：通用汽车公司的阿尔伯特·迪恩（Albert Deane）（FHA 副司长）和沃德·卡纳迪（Ward Canaday）（美国托莱多广告公司总裁，他在汽车销售方面享有盛名）。卡纳迪是 FHA 的公关总监。[50]

研究美国房地产业的历史学家杰弗里·霍恩斯坦（Jeffrey Hornstein）
59 指出，房地产业总体上"欢迎联邦住宅管理局……"这既是因为它承诺大

幅提高住房总需求，且该机构主要由房地产经纪人及其在银行业的盟友运营。[51]

为了鼓励住房销售，联邦住房管理局为购房提供担保。它为符合条件的住房和购房者提供80%的住房抵押贷款，为期20年（后来，这一担保被修改为90%和25年[52]）。到目前为止，标准抵押贷款覆盖了房屋购买价格的50%，期限为三年。[53]

联邦住房管理局能够影响购买的住房类型，进而影响住房发展模式。马克·韦斯指出：

“联邦住房管理局可能会拒绝为房屋抵押贷款提供保险，因为他们所在的社区规划欠佳或没有得到保护，或‘风险太高’。因此它让最有信誉的地块划分商遵守联邦住房管理局的标准。这让联邦住房管理局的官员们处于一个令人羡慕的位置，远远超过任何监管计划机构，他们能够告诉分租者如何开发他们的土地。”[54]

凭借这一权力，联邦住房管理局（FHA）促进了外围地区大型住房开发建设。韦斯解释说，联邦住房管理局的明确偏好是有条件的（特别是鼓励大型生产商建成新的住宅小区或“邻近住宅区”）。因此，联邦住房管理局通过其贷款计划鼓励或补贴“由私人控制和协调发展的整体住宅社区，这主要是在城市外围的单户住宅。”[55]

联邦住房政策在FHA的控制之下，简·霍尔茨·凯（Jane Holtz Kay）写道：“将房屋从城市分散出来，并没有帮助到贫民窟居民。”[56]在对美国郊区发展的全面分析中，地理学家彼得·穆勒（Peter O. Muller）解释说：“‘城市中产阶级几乎完全郊区化’即受到政府政策的大力影响。最重要的是联邦住房管理局于1934年发起的住房贷款保险计划。”[57]凯补充说：

“城区仍然是萧条萎靡和被忽视的。与郊区相比，他们的扩张停止或减少。底特律增长的25%在其周边，只有3%在城市内。同样，芝加哥的郊区膨胀了11%，市中心不到1%。中央商业区停车位面积大幅下降。”[58]

肯尼思·杰克逊（Kenneth Jackson）在美国城市发展郊区化上，认同 60
韦斯、凯和穆勒对联邦住房管理局（FHA）内部对边远地区新增住房存量的评估。[59]杰克逊写道：“实际上，联邦住房管理局的保险流向了大都市边缘的新住宅区，而忽视了市中心。”因此，杰克逊指出，在1942年到1968年之间，“联邦住房管理局对美国的郊区化产生了巨大的影响。”[60]

如上所述，美国城市扩张从20世纪20年代开始激发了耐用消费品革命。这场革命在战后一直在持续，耐用消费品（特别是汽车）的消费大大超过收入增长。[61]今天，美国城市扩张有国际经济支撑。美国是世界上最大的消费者[62]（美国消费者，不包括政府和企业，占世界经济总量的20%）。[63]重要的是，欧洲、日本和韩国的汽车制造商在很大程度上重视美国巨大汽车市场以获得盈利。[64]由于人口比西欧和中欧少三分之一，在2008年经济危机之前，美国每年平均多消耗200万辆汽车（高峰时期达到1500万辆或1700万辆）；在美国购买的所有新汽车约有一半是高利润的SUV和轻卡车。[65]例如近在咫尺的日本汽车制造商本田和丰田（世界上最大的汽车制造商）在美国的销售占其收入的三分之二。[66]值得注意的是，作为美国最大的汽车制造商，通用汽车在美国市场的销量约占总销量的40%[67]（美国人口在世界人口比重不到5%）。

4.4 小　　结

在本章中，作者强调美国能源政策的矛盾性。从20世纪20年代开始，经济精英（通过总统失业问题会议）成功利用城市扩张来稳定和发展经济。在20世纪30年代大萧条背景下，通过总统紧急住房委员会，经济精英利用联邦住房管理局部署/提供联邦政府抵押补贴，加快了城市扩张。今天，政策制定者通过廉价的能源政策（例如低汽油税，[68]占领了富含石
61 油的国家，例如伊拉克）来推动城市扩张；通过自有土地政策在人烟稀少的地区建设道路。在令人沮丧的美国能源政策方面，讽刺的是，虽然联邦政府通过城市扩张来促进化石燃料的使用，但从20世纪70年代末开始，美国积极遏制了一种有希望的替代能源（即钚），政府也大都不谈太阳能和风能。

这些能源选择更令人惊讶（违反直觉），因为它们是在1973年全球石

油危机之后构建和维持的，这对美国产生了特别深远的影响。在 20 世纪 70 年代，很明显，美国依赖动荡的全球石油市场。它并没有试图通过保护措施（例如限制汽车的使用）使自己免受这个市场的影响，而是通过军事/政治力量来解决。在当代，尽管地球温度不断上升，但美国依然授权加速生产加拿大油砂，以解决其石油依赖造成能源危机。

相比之下，西欧和中欧国家历来试图通过减少石油消费来减缓它们对世界石油市场的依赖。它们所采取的措施之一是扩大核能。在当代，欧洲正在从清洁可再生能源（风能、太阳能）中增加能源供给。重要的是，欧洲国家阻止了非常规化石燃料的继续开发，特别是油气页岩。他们正在致力于核能、太阳能和风力发电的经济和技术推广，并指导其国家加强能源安全，具体将在下一章中讨论这些问题。

63

第5章　全球石油政治

道格·斯托克斯（Doug Stokes）和萨姆·拉斐尔（Sam Raphael）在《全球能源安全与美国霸权》（*Global Energy Security and American*）一书中指出，美国在石油问题上的外交政策表现出明显的霸权态势。[1]美国在全球石油市场的主导地位，使其在全球几乎所有国家都具有战略影响力。美国的油砂政策与此一致。

在《城市蔓延、全球变暖与资本帝国》一书中，笔者认为，在美国国际石油政策中，有明显但表面上同样重要的霸权成分，即城市扩张。推动美国石油政策的一个主要做法是维持美国的城市扩张（似乎不惜一切代价）。这一点在20世纪70年代石油危机之后变得尤为明显，美国政府非但没有抑制国内石油需求（比如石油价格上涨），而是试图巩固其对中东石油供应的控制，同时，推动加拿大油砂项目上线。

相比之下，西欧/中欧国家则试图通过降低对国际能源市场的依赖来加强其能源安全，首先是限制汽车依赖；其次是在20世纪70年代石油危机爆发后扩大国内核电力；最后是提高从自然界（太阳能、风力发电）中获取能源的能力。

本章分为两部分。第一部分描述了美国对20世纪70年代石油危机的应对。第二部分概述了欧洲的能源政策，特别强调了法国的核能政策和欧盟的清洁能源计划。美国和欧洲在能源安全方面的不同表现——美国试图
64 在世界市场（包括加拿大油砂）上拓展更多的化石燃料（特别是石油）开发，而欧洲正在努力减少其化石燃料消耗。

5.1　20 世纪 70 年代的石油危机

波斯湾国家拥有世界上大部分已知的石油储备，仅沙特阿拉伯就拥有世界已探明石油储量的 20% ~25%。[2]

波斯湾的战略重要性在很大程度上是美国石油政策的结果。这在需求方面尤其明显。随着美国城市越来越大，[3]对汽车越来越依赖，[4]美国石油消费稳步攀升。[5]1946 年至 1953 年之间，美国汽油的使用量从每年 300 亿加仑①增至 490 亿，年增长率略高于 7.2%。1958 年美国汽油消耗量超过 590 亿加仑。[6]

美国消费对其石油生产产生不利影响，因为美国历史上有能力通过提高产量降低世界石油价格。到 1970 年，美国的石油产量已经达到顶峰，不再具有调节世界石油价格的能力。[7]当沙特阿拉伯在 1973 年对有利于以色列国家实施选择性禁运时。美国大约 40%石油需求需要进口，无法对国内生产禁运的缺口做出应对。[8]

因此，在 20 世纪 70 年代石油危机之前，美国的石油储备主要因国内消费水平高而枯竭。然而，在理论上和历史上具有重大意义的是，当美国经济对外国石油资源的依赖性和脆弱性在 1973 年暴露无遗时，美国政府并没有提出任何措施来遏制或限制城市扩张以及由此产生的对汽车的依赖。

美国对其依赖性做出军事回应。美国的政策制定者利用该国优越的政治和军事地位，确保波斯湾石油仍在美国的影响范围内，并确保该地区的 65
石油充分流动。1979 年以前，美国一直向伊朗政府提供军事装备和训练，以保障该地区的石油储备不受苏联的控制。在伊朗的亲美政权崩溃（导致第二次石油危机）之后，美国寻求直接加强在该地区的军事能力，最终在 1991 年第一次波斯湾战争后直接进驻军事。[9]

如第 3 章所述，20 世纪基金（现为世纪基金）提交了两份报告，反

① 1 美制加仑（us gal）= 3.785 411 8 升（L）。

映了供应方面对20世纪70年代美国能源问题的重视。20世纪初的基金组织在20世纪70年代初创建了两个政策规划小组，主要由经济精英组成，提出应对美国石油问题的建议：“20世纪美国能源政策基金特别工作组”和“20世纪基金国际石油危机工作组。”

除了要求在欧佩克控制之外进行更多的石油生产，在这两个组织的报告中，都呼吁提高能源效率，或者将他们的报告标注为“保护”。难度在于提高能源效率并不一定会降低整体消费水平。[10]能源政策小组在其题为“促进保护措施”的报告中，“赞同采用特殊奖励措施鼓励进一步投资节能资本货物和耐用消费品，因为节约能源和增加供应同样重要。”[11]报告中特别提出使用奢侈品税来阻止购买大型、低效率的汽车。此外，实施“每年征收消费税和国家注册费用”鼓励更快淘汰消耗高于平均水平的汽车。[12]最后，工作组赞成继续采取节能措施，如公路速度限制、建筑节能减排、用水标准，以及家电承载能力利用效率标签等。[13]

国际石油危机工作组没有提出具体的保护措施，相反，推给了能源政策工作组。[14]

经济发展委员会在1974年发表的一份题为“实现能源独立”的国家
66 政策声明中，也把效率作为一项节约战略加以优先考虑：“现在应该利用提高能源利用效率的机会，应该得到更多的关注，以增加能源供应。”[15]本政策声明由经济增长问题与潜力小组委员会直接监督能源问题。该小组委员会成员由企业高管组成，他们来自埃克森公司、底特律爱迪生公司、太平洋电力、南加州爱迪生公司、大西洋里奇菲尔德西尔斯、西尔斯公司、富达银行、Princess煤炭公司、通用电气、西屋、摩根士丹利、环球航空公司和美国铝业公司（ALCOA）。这个小组委员会成员还包括沃尔特·J. 利维（Walter J. Levy）（正如第3章所述，曾在20世纪基金工作组任职）。[16]

提高能源效率可导致石油消费总体下降。然而，提高效率所节省的能源可以被经济增长所抵消。[17]在城市扩张的地区尤其如此，那里的经济活动水平更高，这可能导致更多的劳动力上下班驾车，并增加对城市周边宽敞住宅的需求。因此，尽管汽车可能会变得更省油，尽管燃油效率有所提高，但在居住分散的城市背景下，更多的汽车和更长的行驶距离会导致整体汽油/石油消费增加。[18]这正是在美国发生的事情。目前美国的汽车相比20 世纪 70 年代初效率更高。[19]然而，由于驾驶汽车人数大幅增加，汽油、柴油量不断增加，今天美国的消费大大超过了 20 世纪 70 年代。据能源经济学家伊恩·拉特利奇（Ian Rutledge）分析，20 世纪 70 年代在美国开车每天消耗 710 万桶石油，而到 2001 年，这一数字增加到了 1010 万桶。[20]今天，根据美国能源部的统计，在美国的汽车消耗占全球石油总产量的 15%左右。[21]

由于美国汽油、柴油消费量稳步增长，[22]其经济消耗了世界石油总产量的 25%左右（不到全球人口的 5%）。[23]尤其明显的是，20 世纪 70 年代之后油价飙升，美国工厂和公用事业从石油燃料转向其他能源（主要是煤炭、天然气和核能）。[24]

5.2 美国能源安全与加拿大油砂

美国历来一直试图通过扩大可利用的化石燃料来建立其能源安全，重点是石油。在第 3 章中，已指出这一情况延伸到非常规化石燃料，特别是 67
加拿大油砂。作为北美能源安全的一部分，非常规石油（合成燃料）概念在 20 世纪 70 年代石油危机时得到强化。20 世纪基金组织在 1977 年利用“美国能源政策”工作组“推出了政府计划来支持新能源的研究与开发”。工作组特别指出，油页岩和煤层气是石油及汽油的替代品。[25]为“实现能源独立”，CED 在 1974 年提出：“在必要的情况下，政府资助油页岩和煤炭合成燃料的研究，开发和建设示范试点工厂”。[26]

21 世纪开始，出现了新的能源危机。2008 年石油价格上涨到每桶 147 美元。2008 年以后，世界市场的石油价格一直维持在每桶 100 美元左右（即历史高点）。[27]由于担心石油价格，更确切地说是可利用的石油供应，美国外交关系委员会（以下简称 CFR）赞助了 2009 年关于加拿大油砂的研究——“加拿大油砂：能源安全与气候变化”（由 Michael A. Levi 撰写）。监督这项研究的咨询委员会成员包括石油巨头埃克森美孚和雪佛龙的高层人员。[28]塔拉·比林斯利（Tara Billingsley）也是该委员会的成员，当时她是美国参议院能源和自然资源委员会的工作人员。克林顿政府时期的中央情报局局长约翰·多伊奇也在该委员会任职，[29]他还是自然资源保护委员会、皮尤全球气候变化中心及世界资源研究所的代表。史蒂文·穆夫森（Steven Mufson）是该委员会的成员，定期为《华盛顿邮报》报道能源问题。除了埃克森美孚和雪佛龙外，该委员会的成员还包括 PIRA 能源集团、ARC 金融公司及路易斯资本市场（Louis Capital Markets）。[30]

在《加拿大油砂报告》的“序言”中，CFR 的主席总结了其建议。这份摘要指出，油砂生产可以增强美国的能源安全——油砂的“安全效益”不可忽视。CFR 总裁接着解释道，“报告的建议集中在政策上，这些政策将提供激励措施，以减少从油砂中生产每桶原油所产生的排放，但要小心避免直接阻碍增产。”[31]

自 1921 年成立以来，CFR 一直是由经济精英领导的为处理外交事务
68 问题而设立的政策讨论小组。[32]在早期，CFR 获得了大通国家银行、新泽西州标准石油、IBM、通用汽车、通用电气、德士古和纽约国家城市银行的大量捐助。[33]英德杰特·帕马（Inderjeet Parmar）撰写了大量关于 CFR[34]的文章，在下文中介绍了 1921 年至 1946 年间 CFR 的 55 位董事所担任的公司董事职位：

“这 55 位领导人至少担任 74 家公司的董事。这些公司都是美国最大的公司：美国钢铁公司和 AT&T 公司的迈伦·泰勒（Myron C. Taylor）；通用电气公司的费拉沙（Leon Fraser），欧文·扬（Owen D. Young）和菲利普·里德（Philip D. Reed）；通用汽车公司的莎伦·麦克斯维尔（Clarence M. Wooley）和道格拉斯·路易斯（Lewis W. Douglas）；J. P. 摩根公司的勒芬格韦尔（Leffingwell）；纽约互惠人寿保险公司的弗兰克·波尔克（Frank Polk），道格拉斯（Douglas），约翰·芬利（John H. Finley），大卫·休斯敦（David F. Houston）和里德（Reed）。”[35]

为了体现 CFR 董事的精英社会地位，帕玛尔（Parmar）研究的 55 位董事“平均至少拥有 3 位精英社会俱乐部的会员资格，包括位于华盛顿特区的宇宙（Cosmos）俱乐部和大都会（Metropolitan）俱乐部及纽约最受欢迎的世纪（Century）俱乐部和纽约尼克勃克斯队（Knickerbockers）俱

乐部。”据报道，总共有 170 个俱乐部会员。[36]

作为美国能源安全战略的一部分，CFR 认为加拿大油砂是重要的，因为这个组织在制定美国外交政策方面一直起着关键作用。CFR 是制定第二次世界大战后美国大战略（即美国遏制政策）的核心。[37]

接下来，将谈谈西欧/中欧对 20 世纪 70 年代能源危机的反应。与美国不同，欧洲从来没有像美国那样依赖汽车/石油。此外，当 1973 年石油危机爆发后，欧洲转而求助于核能，以降低在世界石油市场上的风险。此外，在当前油价动荡的时代，欧盟正在大力推动太阳能和风能技术的开发和应用。

5.3　欧洲第二次世界大战后的石油政策

德意志联邦共和国（即西德）和法国等先进工业化国家通过严格限制石油的利用来应对 20 世纪 70 年代的石油危机。这些国家的国内石油产量很少。由于 1966 年北部海岸发生了大规模石油大罢工，英国减少石油利用的迫切需求降低了。然而，西欧国家并没有发现美国在 70 年代以前的 69
石油依赖性。这主要是因为这些国家的城区没有像美国那样大和对汽车那样依赖。[38]

战后西欧对能源安全的担忧，体现在 1955 年的《阿尔芒报告》和 1956 年的《哈特利报告》中，这两份报告都是由欧洲经济合作组织部长理事会（以下简称 OEEC）发起的。主要是由于对贸易不平衡的担忧，这份题为《欧洲能源问题的某些方面：集体行动的建议》的报告以其作者路易斯·阿尔芒（Louis Armand）（一位法国政府官员）的名字命名，报告建议不要依赖外国石油资源。相反，建议西欧国家依靠国内的能源，依靠欧洲在非洲殖民地的能源，尤其是核能。[39]

OEEC 收到阿尔芒报告后不久就创建了一个能源委员会。该委员会赞助了 Hartley 日报，以英国主席哈特利（Harold Hartley）命名。这份报告的作者将他们对石油进口的担忧扩大到贸易不平衡问题之外，并表达了对石油安全的担忧。根据《哈特利报告》，“西欧对外部（石油）供应的依赖越来越大，这是不可避免的风险，尤其是这些石油来自世界上一个小区域的时候”（也就是说，西欧对外部石油供应的依赖越来越大）。[40]因此，到 1975 年，西欧只能从进口石油中获取 20%到 33%的能源，其余的主要来自煤炭。[41]Hartley 日报作者认为，“煤炭仍然是西欧能源经济的支柱”。[42]他们建议西欧国内煤炭生产满足该地区一半的能源需求，其余的可以用水电、天然气、石油、进口煤炭和核能来填充。[43]

哈特利和阿尔芒都表示，西欧各国政府应该进行干预，以确保该地区的能源稳定。哈特利委员会建议，为了有效应对能源供需紧张的问题，各成员国将需要适应自身情况及需求的能源政策。这项政策应包括在不同形式的能源之间进行某种程度的协调。[44]

70 阿尔芒认为，欧共体国家应避免“各种形式的能源竞争对整个社会造成损害”[45]。

在阿尔芒和哈特利的报告之后，OEEC 组建了能源咨询委员会，由奥斯汀·鲁滨逊（Austin Robinson）教授担任主席。1960 年，该能源咨询委员会提交了一份名为“欧洲新能源模式”的报告。与主张政府推动国内煤炭（哈特利）或核电（阿尔芒）的《哈特利报告》或《阿尔芒报告》不同，为了限制进口石油的使用，Robinson 能源咨询委员会认为，西欧应该依靠便宜的进口石油来满足大部分的能源需求。关于石油供应安全，委内瑞拉、西非和利比亚都有新发现，特别是撒哈拉以南石油和天然气的发现（例如阿尔及利亚），更紧密地融入西欧地区的经济，阿尔及利亚为重要的物资供应创造了新的可能性，因此，使西欧石油供应的多样化进一步扩大。[46]Robinson 能源咨询委员会继续辩称，“到 1975 年，石油或其他供应品短缺似乎不太可能会让他们感到紧张。”[47]关于该地区的国际收支状况，委员会断言：如果西欧可以保持其在世界市场上的份额，制成品的进口增加，从我们的研究中得出的结论可能被合理地预期在其能力的可控范围内。[48]因此，弥补进口能源成本的方法是维持或扩大西欧工业产品在世界市场的份额，实现这一目标的关键手段是降低能源成本投入。“在制定长期能源政策时，首要考虑的应该是充足的低成本能源供应。”此外，“通过在更新、更便宜的能源的经济发展道路上设置尽可能少的障碍，最符合普遍利益。”[49]换句话说，西欧各国政府不应补贴核电或煤炭，以损害丰富而廉价的石油供应。

特别是在电力和工业生产以及家庭供热领域，西欧国家确实奉行了 Robinson 能源咨询委员会倡导的更加自由的路线。结果，到 20 世纪 70 年代初，这个地区 60% 的能源需求都是通过进口来满足的。[50]然而，在汽车运输方面，西欧国家历来制定更为严格的政策。托莱夫·豪格兰（Torleif Haugland）及其同事——欧洲能源专家指出，在西欧和中欧，“运输燃料 71
税，特别是汽油税的份额通常是所有终端使用价格中最高的。在欧洲，无铅汽油的税收份额大大高于实际生产成本，高于终端用户价格的 50%～75%。”他们接着断言，“毫不奇怪，在美国，汽油税在经合组织（OECD）中是最低的，平均燃料消耗在最高之列。”[51]相比之下，根据能源信息管理局（美国政府机构）的一项研究，美国汽油的平均成本最近为每加仑 2.68 美元，英国为 7.00 美元，德国为 7.19 美元，意大利为 6.97 美元，法国为 6.89 美元。这些价格差异主要是由税收造成的。[52]按人均计算，美国消耗的汽油是其他国家的两倍多。[53]

在运输领域限制石油使用具有战略优势，但允许其在电力和工业生产等经济领域扩大。后一种活动中，石油产品的替代品很容易得到：煤、天然气、核电、风能、太阳能，等等。[54]汽车运输并非如此。因此，如果原油严重短缺，依赖汽车的住房库存、工业基础设施和零售网点可能在一夜之间变得毫无价值。

由于石油短缺，20 世纪 70 年代，法国和西德政府试图通过大力扩大核电的使用来削减石油消费。然而，这一战略引发了非洲大陆的绿色环保运动，[55]因为核电生产中高放射性废物如何处理的问题从未得到令人满意的回答。[56]德国的这一运动在法国比德国更为成功，将工业和电力生产集中在核能的计划中。政治学家迈克尔·哈奇（Michael Hatch）认为，这些不同的结果可归因于每个国家各自的政治制度。法国实行的是总统制，在那里，决策权在很大程度上与公众绝缘。德国的议会制政府对社会运动的敏感程度更高，对公众舆论的转变更为敏锐。[57]然而，法国向核电转变，[58]该区域内其他国家核电较为适度的增加以及煤炭和天然气利用率提高，[59]确实导致西欧石油消费量下降。然而，20 世纪 70 年代的能源危机过后，美国的石油消费反而增加了。[60]

72 值得一提的是，20 世纪 70 年代中期，法国朝着以核为中心的方向发展经济。1974 年，法国政府宣布扩大核计划，预计将在 1980 年之前完成 13 个 1000 兆瓦的核电站建设。长期计划是到 1985 年，在 20 个地点建造 50 座反应堆，满足法国 25%的能源需求；到 2000 年，在 40 个核园区建造 200 座反应堆，预计提供法国能源需求的一半以上。20 世纪 80 年代，法国成为世界上拥有核能最多的国家，75%或更多的电力来自这个能源。今天，法国有 59 个核反应堆在运行。法国生产的核电还用于其他欧盟国家，法国是世界上最大的电力出口国。[61]

为了在经济上保护本国的核工业，法国在 2011 年禁止开采（水力压裂法）石油和页岩气。[62]值得注意的是，法国“被视为最具页岩气前景的国家”。[63]另一位观察家解释说，法国是“欧洲非常规天然气储量最多的国家”。[64]西欧、中欧国家抵制水力压裂。[65]

在欧盟国家中，波兰一直在大力发展水力压裂技术，但从页岩中开采天然气的愿望并没有实现。[66]水力压裂技术在欧洲的发展受到了阻碍，因为“欧洲各国政府不愿意在研发方面进行必要的投资，以帮助企业弄清楚美国是如何从不透水岩层中开采天然气和石油的。”[67]

21 世纪的前十年，随着世界能源价格上涨，2007 年欧盟[68]通过了 20/20/20 政策。[69]这一政策的目标之一是，到 2020 年，该地区可以从“清洁”的可再生能源中获得 20%的能源（2014 年，这一目标被修订为在 2030 年之前获得欧盟能源总量的 27%）。[70]为了大力促进太阳能发电，欧盟国家已经设立了“上网电价”计划，电力公司为光伏电池发电支付高额费用。这些放置在屋顶上的电池可以将阳光直接转化为电能。[71]欧盟还计划从公海上的风电场中获取风力发电。[72]另一个目标是到 2020 年，欧盟能源消耗减少 20%（通过提高效率）。[73]欧盟的政策是为了应对全球变暖（其中一个目标是到 2030 年温室气体排放量比 1990 年减少 40%）。[74]该政策将有效减少欧
73 盟化石燃料的使用，并加强该地区的能源安全和自主权。[75]与欧盟的 20/20/20 能源目标相一致，德国在 2011 年拆除国内核电厂，将提高风能和太

阳能发电能力作为一项政治优先事项。[76]

为了实现从化石燃料转向更安全的能源（核能、风能、太阳能）的目标，欧盟建立了许可证交易系统，旨在推高碳基燃料（石油、天然气、煤炭）的价格。排放二氧化碳的公司需要许可证[77]——这是燃烧化石燃料获取能源的必然结果。重要的是，欧盟最近通过了一项减少流通许可证数量的计划，希望这样的行动能够提高许可证的价格，并暗示使用化石燃料作为能源的成本。[78]

5.4 小　　结

美国通过促进、培育和维持城市扩张破坏了其国家能源安全。即使在美国明显依赖外国石油来满足其能源需求的时期（即 20 世纪 70 年代的石油危机），也没有采取任何措施来遏制美国能源脆弱性的关键来源——城市扩张。相反，美国的应对策略是试图控制世界上那些石油过剩的地区——最重要的是波斯湾地区。在 20 世纪的几十年中，油价大幅上涨。美国通过在北美开发非常规化石燃料（油页岩和焦油砂）来应对这一“紧张”现状。尽管这样做会对环境（地区和全球）造成严重影响，但美国依然采取了这一方针。

与美国相反，西欧、中欧国家试图通过限制对汽车的依赖来缓解他们对世界能源市场的依赖。在 20 世纪 70 年代的石油危机之后，法国大幅提升核能力，作为加强能源安全和区域经济稳定的手段。此外，在当前油价波动的环境下，欧盟国家积极推动太阳能和风力发电（如 20/20/20 计划）。这包括许可交易计划，旨在为低碳/无碳能源的使用创造积极的经济激励。与美国形成鲜明对比的是，欧盟国家绝大部分已经停止了氢化。最令人瞩目的是，法国（尽管其页岩矿床的潜力很大）已经禁止了水力压 74
裂，这有助于为低碳、无碳能源（核能、太阳能、风能）提供有利的经济环境。

在下一章中，笔者将讨论美国环保组织和全球商界如何应对北美非常规化石燃料革命，特别是加拿大油砂的开发。为了评估美国环保组织在这些问题上的立场，笔者再次浏览了2009年的一项研究中分析过的那些环保组织的网站。将这些团体今天的立场与2009年在美国城市扩张这一关键问题上的立场进行比较，发现他们（总体上）在提醒人们关注城市扩张对环境的负面影响方面做得很差。尽管环保组织目前确实对开发北美油砂对环境的影响进行了一些关注，但并未提到或提及美国军事/外交政策旨在促进全球化石燃料（尤其是石油）运输这一事实。加拿大油砂生产与美国国际石油政策一起致力于保持全球经济依赖化石燃料。

与2009年类似，国际商会（International Chamber of Commerce）和世界可持续发展工商理事会（World Business Council for Sustainable Development）的国际企业集团主张，基本上相当于城市扩张的生态现代化（即利用技术使城市扩张对环境无害）。尽管加拿大油砂的全面开采可能会破坏美国城市扩张的生态现代化（相对于气候变化），但这些企业集团对焦油砂和一般的非常规化石燃料明显保持沉默。

第6章　加拿大油砂发展现状 75

城市蔓延、全球变暖以及资本帝国这些内容，表现出了主要的环境组织和跨国公司有关生态现代化城市扩张[1]的议程。确切地说，这些参与者目的是在维持高能耗电力低密度城市发展的情况下来部署“清洁”能源。因此，在应对全球温室气体排放的问题上，美国作为“关键的政治参与者”采取“弱”的经济生态现代化，[2]即碳捕捉和储存[3]、太阳能[4]、风能[5]以及波浪能。[6]美国经济“强大的”生态现代化涉及遏制城市扩张。[7]通过提供大量清洁能源来减少或者消除造成美国气候变化的排放物，同时，主要的环保团体也放弃了对排放物的重视。此外，对清洁能源的重视避免了主流环保团体提出更多涉及美国帝国运作（例如美国外交政策）这些令人不安的问题。

重新浏览这些主流环保团体的网站，会发现这些团体依然做着一些毫无意义的工作，依然将美国的城市扩张同美国温室气体排放物联系在一起。《城市扩张》《全球变暖》和《资本帝国》写于2009年——早于天然气和石油页岩革命、Keystone XL输油管道争议，以及2012年北冰洋海冰崩塌。[8]尽管如此，那时笔者曾提出环保组织应该退出美国政体，因为他们 76
对低密度大都市区（即城市扩张）的批评无动于衷。事实显示在参与公共决策这一过程中，环保团体并没有产生积极的影响，而只是象征性地参与。[9]换句话说，环保团体参与制定政策，只是为了使政治进程合法化，这在本质上排除了对美国的城市地区进行有意义的和广泛的改革。环保团体的参与错误地传达了美国政体在对待全球变暖问题上的观点。

2009年，美国政府的确表现出想通过替代燃料和碳捕捉技术来实现城市扩张区域的生态现代化。例如，第二届布什政府提倡通过发展氢动力汽车取代燃油汽车[10]来减少主要温室气体的排放。它还促进了碳捕捉和封存技术在燃煤电厂[11]中的应用。布什政府采取的另一项减少气候变化排放物的举措是大力推广核能及生物燃料。[12]联邦政府在2007年颁布了一项能源法，鼓励乙醇（一种生物燃料）的生产。[13]表现最突出的是，作为2009年刺激计划的一部分，奥巴马政府批准了700亿美元的“清洁”能源项目。[14]

然而，自2009年以来的很多事件都表明了环保团体固有的不道德性，如在美国政体合法化（政治上支持）。随着水力压裂法的推广以及加拿大油砂产量的增加，美国似乎认同允许大气中温室气体的含量增加到非常危险的水平。正如第1章所指出的，不仅美国非常规能源革命直接导致了全球气候变暖，而且它的发展同样对制定有效的气候变化条约造成了不可逾越的政治障碍。民主环境伦理学直接指出环保团体和活动人士必须得退出美国政治。除非，他们直接和明确地挑战美国的大战略（例如美国帝国）。换句话说，主流环保组织应该明确地谴责城市扩张以及美国通过有效的政
77 策来主导世界能源体系的行为。

类似于主流环保团体，国际商业组织——世界可持续发展工商理事会（以下简称WBCSD）和国际商会（以下简称ICC），提倡通过技术开发和部署来减少温室气体排放。这些技术在减少/消除温室气体方面表面上很理想，同时又允许城市扩张持续下去。WBCSD和ICC不提倡，但也并不公开反对加拿大油砂开采。随着加拿大油砂输送管道和铁路的持续推进，倡导替代能源，为了避免对加拿大油砂开采的指责，被嘲笑为旨在使公众面对迫在眉睫的全球变暖和海洋酸化灾难等重大问题，在政治上处于被动（空洞言论）。[15]

本章的最后一节将讨论环境的替代策略。减少温室气体排放是环保团体和政府游说团体能够/也应该追寻的目标。这些策略包括将政治焦点放在政府之外的领域，动员广泛的公众群体取得环境保护的胜利。

6.1 民主伦理、环境游说团和象征性包容

民主理论家约翰·德莱泽克（John Dryzek）把对利益集团的分析放

在了政策制定过程中进行考量，他解释道“对立分组”只有在良性状态下才会被纳入国家内，定义集团利益同国家需要直接相关。[16]根据约翰·德莱泽克的说法，那些批评现状的团体只有加入决策中，在某种程度上，团体的目的符合国家目的。从历史角度来看，这反映在环保团体积极地投身到联邦政府制定的气候变化制度这一行为上。

正如《城市蔓延、全球变暖与资本帝国》书中写的那样，参与这一规划过程的环保活动人士意识到汽车数量（使用内燃机）同温室气体排放之间的关系。在其网站上，Sierra 俱乐部宣称“如果把美国汽车行业视为一个独立的国家，它们将成为世界第五大全球变暖的污染源，比英国所有排放源总和都要多。”自然资源保护委员会（以下简称 NRDC）指出，在美国“汽车每年产生近 15 亿吨二氧化碳”。[17] 78

尽管如此，在 2009 年，环保组织就气候变化这一问题在游说华盛顿特区时提出主要答案仍旧是技术和替代性燃料。以 Sierra 俱乐部为例，在其网站上，有一篇标题为“全球变暖与能源：概述：解决方案”的文章。“能源效率就是采用最清洁、最安全、最经济的方式来遏制全球变暖。”他补充说道，“尽管不具备从汽车尾气中去除二氧化碳的技术，但我们能够使得它们更省油从而减少对环境的污染。”因此，如果我们想减缓全球变暖的进程，就必须让我们的汽车利用一加仑汽油开得更远。此外，“利用清洁、丰富的太阳能和风能对解决全球变暖问题至关重要。”[18]

忧思科学家联盟（以下简称 UCS）有一个网页详细说明了它在气候变化问题上的立场，题为“全球变暖解决方案”。在减少温室气体排放的行动方面，UCS 认为通过“把能源效率、可再生能源和汽车技术这些解决方案放在联邦层面上，我们可以延缓全球变暖。”位于华盛顿特区的忧思科学家联盟总部的一名游说者在电话采访中承认，UCS 将其在气候变化问题上的“游说活动”限制在推动节能汽车和替代能源方面。[19]

美国 PIRG 网站上有一个名为“阻止全球温室气体污染”的网页，其标题为“现成的解决方案”，文章中指出“我们可以通过采用现有技术提高电厂和工厂的效率，让汽车利用一加仑汽油开得更远，使用更清洁的技术手段，如混合动力、生物燃料、风能和太阳能，从而达到降低全球温室气体污染的目的。”[20]

不同于 Sierra 俱乐部、UCS 和美国 PIRG、NRDC 网站突出性地讨论了美国城区改革，从而减少温室气体排放。在一个名为“解决全球变暖”的网页中，有一个板块被贴上了“更好的汽车和智能增长”的标签。作者提倡采用更高效的汽车以及替代性燃料来减少温室气体排放和降低汽油消费：

“燃油汽车是美国全球变暖污染的第二大污染源。但是在未来的 20 年里，美国道路上将会增加 3 亿多辆汽车行驶——如果底特律生产的是最高效的汽车，我们将在解决全球变暖问题上迈出一大步。”

79 “目前汽车中采用混合引擎和其他现成技术，一加仑汽油所行驶的里程是以前的两倍，节省了很多钱。到 2050 年，燃料电池技术和其他方面的进步将效率提高到每加仑 54 英里。”

在该标签内容的最后一段，作者这样解释：“在城市和城镇中，我们甚至可以通过采用‘智能增长’原则来遏制对石油的依赖，鼓励开发商建造紧凑的、可步行的社区，让人们少花点时间在方向盘上。”[21]

除了“更好的汽车和智能增长”部分外，“解决全球变暖”网页还有其他三个板块，它们分别是“提高能源效率”“生物燃料和可再生能源”和“把碳还给大地”（即碳封存）。在所有的这些模块中，替代性能源和技术解决方案被用来应对气候变化。[22]

NRDC 低调承诺了把城市扩张放到政治议程上。其网站的另一页，标题为“全球暖化基础：它是什么，它是如何引起的，以及阻止它需要做什么”，既没有提到城市扩张的改革，也没有提到所谓的“智能增长”。在这一页上是以下反问：“我们怎样才能减少促使全球变暖的污染物？”针对这一自我提出的问题，NRDC 回应：

“很简单：减少机动车和电厂的污染物。我们应该立刻把现有的技术广泛应用在制造更清洁的汽车和更现代的发电机上。我们可以增加可再生能源的开发，如风能、太阳能和地热能。我们可以生产更高效的电器，节约能源。”[23]

作者在 2009 年的研究中着重强调了四个环保团体（自然资源保护委

员会，Sierra 俱乐部，UCS 和美国 PIRG 网站）以及同总部设在华盛顿的环保组织电话交谈中涉及与气候变化相关的政治主张。在全球变暖和能源的问题上，这四个环保团体是华盛顿特区最活跃、最引人注目的团体。这四个环保团体在华盛顿都设有游说办公室。[24]

然而，在 2002 年，为了应对美国气候变化的温室气体排放，几乎美国所有记录在案的主流环保组织都把关注点放在了技术和可替代能源上。作为环境会议的一部分的一封题为“2002 年约翰内斯堡首脑会议：呼吁采取行动”的公开信中敦促布什政府采取积极行动保护环境。

关于采取直接措施减少温室气体排放，这封公开信的作者敦促美国政 80
府“提高能源效率，发展可再生能源技术。”在这封公开信中没有提到任何关于美国的城市扩张以及它所造成的巨大能源需求。它的签署者几乎都是美国主流环保团体：国家环境信托、自然资源保护委员会、地球之友、世界野生动物基金会、大自然保护协会、美国绿色和平组织、Sierra 俱乐部，以及环保协会。[25]

2009 年，所调查的四个环保团体今天仍做着很糟糕的工作（在它们的网站上），指出需要改革城市地区，以解决全球变暖的问题。例如，Sierra 俱乐部有一个页面，列出了它的政治目标。标题为“优先项目”，俱乐部没有命名为全球变暖。在“更多项目”下，俱乐部列出了“国际气候运动”[26]，在这个页面上，俱乐部认为“每个国家和社区手头上都应该有解决方案：清洁能源获取、负责任的贸易做法和家庭计划生育选择[27]。”在“优先项目”中，Sierra 俱乐部提出了它的“石油之后”目标。在这一页面上，有一个绿色交通的链接引导读者浏览题为“绿色交通”的页面，该文章的重点是提升汽车效率，寻找替代燃料。

（1）确保所有美国人都能获得安全、可负担得起的清洁能源交通工具。

（2）提高燃油效率、强化污染标准、促进清洁燃料运输。

（3）到 2015 年，在美国联邦、州和地方的道路上安装 100 万辆电动汽车，确保电动车通道安全，进入大学校园，向公众宣传无油汽车的好处。

在它的“绿色交通”网页上，俱乐部确实建议改革城市扩张以实现能源节约：“智能，绿色交通是超越石油的关键。只有一半的美国人采用公共交通出行。美国人赢了，他们每次旅行都可供选择的交通方式——无论是具有高里程的先进技术，还是电动汽车，方便的铁路和运输，或者安全的步行和骑自行车。”[28]

目前，美国 PIRG 在“问题”的标题下没有列出全球气候变暖，却把
81 “公共交通”列为其中的问题之一。在标题为“推进我们未来的交通基础设施”的美国 PIRG 的网页上，人们呼吁在城市地区建设更多的固定铁路和公共汽车。提议美国城市交通系统改革，但并没有明确地将它们与全球变暖联系起来：“通过减少交通和污染，增加出行选择方式，部署高效公众交通系统，如城际铁路和清洁公交系统，为每个美国人提供舒适的交通出行。”[29]

UCS 有一个网页，题为“全球变暖：面对气候变化的现实问题”。在这网页上，它提出了以下行动方针来应对全球变暖：

（1）要求我们选出的领导人采取行动。

（2）采取简单、实际的步骤来减少我们的个人碳排放。

（3）积极打击有关全球变暖的失真信息。

（4）让我们的城市和社区为气候变化做好准备。[30]

UCS 的另一个网页，明确地提出应对气候变化危机。

它没有把城市扩张和全球变暖联系在一起。该网页标题为“全球变暖解决方案：减少排放”，以下为行动建议：

（1）扩大可再生能源的使用，把能源系统转化成一个更清洁，对煤炭及其他化石燃料依赖较少的系统。

（2）提高汽车燃油效率，支持其他解决方案，减少美国的石油使用。

（3）限制污染者的碳排放量。

（4）通过投资高效的能源技术、行业、方法，建立清洁能源经济。

（5）减少对热带森林砍伐、降低造成全球变暖的排放物。

（6）实施有效的国家和区域气候政策。[31]

如同在 2009 年在网站上对环保游说团体评论的那样，NRDC 是唯一一家透彻地阐明城市扩张在气候变化现象中所扮演的角色的团体。在题为

“全球变暖解决方案”的网页：建设更好的社区和交通的网页上，NRDC 鼓吹“智能增长运动”，并解释说“这场运动赞成适合步行的社区具有环 82
保、社交性、健康这些优点。同正常的社区相比，‘每一个智能增长’社区能够将温室污染物降至 20%～40%。”[32]

由于加拿大绿色和平组织在油砂问题上的工作（在第 2 章中提到过），我把美国绿色和平组织囊括在了目前对环保组织网站的调查中。在美国绿色和平组织的“阻止全球变暖”网页有一个标题为“解决方案”的章节：

“凭借当前技术，可再生能源，如风能、太阳能，以及地热能可以提供 96%的电力和 98%的总热量需求——几乎是我们所有的能源需求。投资可再生能源可以刺激我们萎靡不振的经济，创造数以百万计的工作需求。它可以让美国回到 21 世纪经济的最前沿，在中国之前，美国在 2009 年，成为全球最大的可再生能源投资国。”[33]

此外，在美国绿色和平组织发给美国总统巴拉克·奥巴马的一份题为“一切照旧：向总统提交一份关于悬而未决的联邦气候立法报告”的文件中，城市扩张和汽车依赖都没有提出任何应对措施。[34]

在某种程度上，这些环保组织把技术进步和替代能源作为减少温室气体排放的主要手段，这些环保组织和活动人士仅仅是倡导美国城市扩张生态现代化。在 2009 年，我得出的结论是“这完全符合其城市扩张生态现代化的帝国目标”。“充其量，这些环保组织在城市扩张生态现代化的政策制定过程中被视为最重要的倡导者。”[35]Dryzek 观察到在决策过程中对立团体仅限于“影响如何满足需求，以及如何权衡竞争需求”。[36]随着加拿大油砂开发和油气页岩开采的不断扩大，美国政府根本没有考虑到当务之急的生态现代化经济。相反，它毫不留情地追求城市扩张和能源霸权——不管这样做的代价是什么（灾难性的全球变暖）。

正如约翰·德莱泽克所解释的那样，在国家必要的政治程序下，“国家内部的任何反对团体都将为此付出高昂的代价。因为如果国家政府官员没有很有说服力的理由说服这些团体，那么它大概必须适度调整它的立场 83
符合既定的国家要求。”为了符合既定的国家要求，对立的团体必须“缓和”他们的“立场”，[37]这符合约翰·德莱泽克的观点。NRDC 在其网站上强调了对加拿大油砂的反对。在标题为“优先问题”头条中，NRDC 列出了“创造清洁能源的未来”。

通过这个链接，读者可以找到“停止肮脏燃料”的链接。在文章中，NRDC 谴责了北美非常规化石革命：

“沿着这条路走下去会对我们呼吸的空气，我们喝的水，我们的气候，我们的荒地和野生动物产生巨大的影响。自然资源保护委员会积极地同这些扩大生产的基础设施做斗争，如沥青砂管道、炼油厂、采矿设备运输走廊扩建、油页岩煤矿，以及液态煤生产设施。”[38]

类似地，通过链接进入网站之后，Sierra 俱乐部把目标瞄准在了非常规化石燃料上。在它的网页上“肮脏的燃料”文章中，俱乐部承诺“与沥青砂、油页岩、深水钻井，以及其他高碳、高风险的燃料的扩张做斗争。我们将保护我们的海岸、空气和水。”[39]“我们发现美国绿色和平组织（Greenpeace USA）很难找到一个批评加拿大油砂的博客（也就是说，这不是一个永久的网页）。对沥青砂提出的批评存在泄漏的风险。”[40]在 UCS 例子中，点击四个链接（没有一个标题是全球变暖或者气候变化）呈现出一个网页：什么是焦油砂，以及为什么它们重要？这里的要点是“从油砂中生产一加仑汽油产生的二氧化碳排放量比其他常规石油高出近 20%。”[41]最后，在美国 PIRG 网站上找不到任何有关加拿大油砂（或焦油砂）的参考资料。

6.2 企业对气候变化的反应

目前，两个国际商业政策规划组织——世界可持续发展工商理事会 WBCSD 和国际商会 ICC 直接讨论了气候变化的问题。[42]WBCSD 和 ICC 并没有将自己定位为气候变化科学或政府致力于解决温室气体排放物的反对者。相反，在气候变化问题上，他们将自己定位为商业主导的政策讨论团体。

84

6.3 世界可持续发展工商理事会

WBCSD 由许多跨国公司组成。1996 年，WBCSD 约有 125 个公司成员，它们来自全球8个地区：西欧、中欧/东欧、非洲/中东、北美、拉丁美洲、日本、亚洲和大洋洲。这些成员包括雷诺（Renault）、道达尔（Total）、大众（Volkswagen）、菲亚特（Fiat）、挪威国家石油公司（Statoil）、沃尔沃（Volvo）、英国石油（British Petroleum）、壳牌石油（Shell Oil）、德士古（Texaco）、三菱（Mitsubishi）和丰田（Toyota）。[43]根据WBCSD网站，WBCSD是一个“由首席执行官领导、全球约200家公司专门从事商业和可持续发展的协会”。其成员来自30多个国家和20个主要工业部门。WBCSD还受益于约60个国家和地区商业理事会与区域合作伙伴的全球网络。[44]

WBCSD将自己定位为全球资本主义生态现代化的倡导者。生态现代化的核心理念是环境保护与经济增长相辅相成。这种互补关系可以通过开发和应用技术以及环境安全产品来实现。[45]

在其使命声明中，WBCSD的主要目的同生态现代化理论保持一致（如2010年的概述）。该委员会的使命是“把企业领导力视为推动可持续发展转变的催化剂，支持在一个日益受到可持续发展问题影响的世界中通过创新和成长来实现企业运营”。[46]此外，WBCSD认为自己是“企业探索可持续发展、分享知识、经验和最佳做法的有效平台，并在各种论坛上与各国政府、非政府组织和政府间组织合作，明确企业在这些问题上的立场”。[47]此外，在1996年的一份出版物中，WBCSD宣称，“社会必须以更长远的眼光，建立必要的框架，奖励企业在使用更少的资源、产生更少的污染的同时，创造更多的价值。”[48]

然而，WBCSD提倡一种狭隘或“软弱”的生态现代化概念。生态现代化的狭隘做法严重依赖技术解决方案和替代燃料来应对自然资源枯竭问题。[49]WBCSD在2005年的一份题为“通向2050的路径：能源和气候变化”的文件中，针对全球不同地区的能源问题提出了具体建议。在美国案例中，WBCSD没有提到它对汽车的依赖，也没有明确的保护项目。相反， 85
WBCSD建议美国，到2050年，“100%提高车辆效率，大规模使用生物质燃料，氢燃料电池汽车的数量增长到超过上路车辆的四分之一。”此外，“重启核电，要求产能增加40%”和“大规模使用可再生能源，特别是风能和太阳能。”[50]

更广泛或“强有力”的生态现代化概念将涉及生态敏感的土地管理。这种类型的土地管理需要土地集约使用（而不是粗放式），将住宅和工作区域拉近，并在城市地区创造更小的工作和生活空间。对生态敏感的土地管理将使居民摆脱对汽车（和内燃机）的依赖，采用节约能源的交通方式，如步行、骑自行车和固定轨道交通。[51]

因此，关于美国，WBCSD 的目的不一定是减少其经济的能源生产量，而是在经济运营过程中，减少能源使用，通过更有效的开发和部署技术——特别是核能和替代燃料，让美国对汽车依赖走上经济和环保的可持续道路（前一种策略表明了大规模的生态现代化）。WBCSD 在能源消耗方面的缺点（至少在美国）是双重的。首先，技术解决方案可以简单地帮助转移经济压力（即通过从经济的一个方面到另一个方面所产生的活动）。[52]核能的例子就说明了这一点。虽然对核能的依赖将减少化石燃料的使用，但核能的生产和核废料的处理都担负着重大的环境责任，从长远来看，这可能比能源消耗对经济造成的损害更大。[53]也许最具威胁性的是，美国对核能的依赖可能加剧核战争爆发的可能性（特别是在没有核燃料循环国际化的情况下），因为这可能鼓励其他国家追求/扩大民用核能项目。这些项目可用于核武器生产。[54]另一个对经济有害的化石燃料替代品是乙醇。[55]它是一种从有机材料（如玉米）中提取的液体燃料，可用于汽车、卡车和公共汽车。随着玉米、大豆和其他食品被转移到乙醇生产中，食品价格会发生明显上涨。[56]

86 与减少化石燃料（特别是石油）供应的技术方面有关的第三个困难是，在目前全球资本主义的背景下，没有任何技术能够有效地解决化石燃料耗尽的问题。[57]换句话说，到目前为止，还没有发展出任何技术，使目前的经济增长率和消费率在不造成能源消耗（或者可能造成难以处理的核废料）的情况下继续下去。

例如，氢被 WBCSD[58]认定为是一种潜在的清洁、无限的和可负担得起的化石燃料替代品。自然资源保护委员会的一位科学家在谈到氢燃料的使用时表示，“在这成为大规模现实之前，必须发生真正的革命”。接着他指出，“这很有可能发生，但以氢为基础的经济‘并不确定’。”[59]伦敦大学帝国理工学院的布莱恩·C. H. 斯蒂尔（Brian C. H. Steele）和德国杜伊斯堡-埃森大学（University of Duisburg-Essen）的安吉莉卡·海因泽尔（Angelika Heinzel）在《自然》杂志上发表了一篇文章，得出结论，“除非”在氢生产和新型储氢材料开发方面取得突破，否则“氢经济”的概念仍然不太可能实现。[60]在我们等待这些突破的同时，全球变暖和能源短缺对经济和环境的影响可能会不可逆转地（灾难性地）走到尽头。

6.4　WBCSD 和固定轨道交通

如前所述，WBCSD 在 2005 年的一份文件中并没有建议美国（甚至到 2050 年）在其城市区域大规模采用固定轨道交通。然而，在同一份关于“流动性”问题的文件中，WBCSD 确实预测“到 2050 年”将“转向大众交通”，这将“带来可观的效率和效益”。从现在一直到 2045 年，WBCSD 建议一直使用生物质、氢、混合燃料和柴油。然而，WBCSD 预测在“2050 年”，“全世界都在进行大量投资，使固定轨道交通成为一种高效且有吸引力的个体交通方式。”[61]

同样，在 WBCSD 的一份 2004 年报告，题为“2030 流动性：迎接可持续性发展的挑战”［由通用汽车、丰田、壳牌石油、英国石油公司、戴姆勒-克莱斯勒、福特、本田、米其林轮胎公司、日产汽车（Nissan Motor）、海德鲁、雷诺和大众的管理人员共同撰写］，以下为观察结果：

“从长远来看，五年或者更多，社会面临的基本选择是它们的交通模式将如何发展。一些人认为，为了使人口流动具有可持续性，人们不得不被诱导住在人口密集的地区。根据这一观点，只有这样做，才能在技术和财政上更大程度地依赖公共交通工具。”[62] 87

《2030 年交通行动计划》的作者反对那些提倡有效利用土地和大力扩大公共交通的人，他们宣称：

“在我们看来，这一战略似乎在迫使人们适应交通系统的技术和经济特征。另一种战略是调整交通系统的技术和经济特征，以适应公众的生活选择。我们在《2030年机动化》报告中所描述的各种车辆技术似乎有潜力使调整成为可能。”[63]

6.5 国际商会（ICC）

与WBCSD不同的是，国际商会拥有广泛的会员基础。它“将来自130多个国家[64]的数十万公司会员和协会组织在一起”。国际商会网站继续解释道，它是世界商界的代言人，支持全球经济，成为促进经济增长、创造就业和繁荣的力量。国际商会活动范围广泛，从仲裁、争端解决，到主张贸易开放、市场经济体制、商业自律、打击腐败或打击商业犯罪。[65]

国际商会成员包括美国电话电报公司、雪佛龙公司、花旗集团、杜邦公司、埃克森美孚公司、菲亚特公司、福特公司、通用电气公司、通用汽车公司、摩根大通公司、尼桑汽车公司、挪威海德鲁公司、宝洁公司、索尼公司和丰田公司。[66]

国际商会的大部分政策工作通过委员会执行。它在网站中指出，“佣金是国际商会的基石”。

“他们由500多名商业专家组成，他们自由地利用时间制定国际商会的政策和规则。”该网站的作者对国际商会进行了进一步阐述，“委员会仔细审查了影响他们主题领域的国内外政府计划并提交给国际组织和政府。”[67]

88 环境与能源委员会是ICC的16个委员会之一。该委员会有227名成员，他们来自75家跨国公司、33家行业协会和52家ICC国家委员会代表。这些委员会在各自的国家把会员结成联盟。“环境与能源委员会”通过工作队和专题小组审查与世界商业相关的主要环境和能源政策问题。委员会通常每年举行两次会议，但工作队和其他专题小组可能会更频繁地举行会议。ICC网站的作者认为“委员会成员通过国际商会的全球国家委员会网络在国家层面上获得影响力，并通过国际商会与主要政府间的特权联系，在国际层面获得影响力。”[68]

ICC能源委员会在其网站上指出，“获得可靠的、可负担的、经济上可行的、社会上可接受和无害环境的能源对经济增长和可持续发展至关重要。更具体地说，‘ICC 支持能源技术发展’，因为‘各种各样的能源和技术可以满足个别国家或市场的不同需求’。”此外，“能源安全不仅是日常运营的重要考虑因素，也是长期投资的重要考虑因素。”

ICC 能源委员会认为，“能源效率是全面可持续能源战略的另一个关键组成部分。”[69]在 2009 年的一份关于能源效率的报告中，委员会的“关键信息”之一是“提高能源效率可以在能源需求增加和确保朝着更可持续的能源未来迈进之间产生重要影响。”[70]

能源委员会在其网站上解释说，“ICC 通过能源商业行动（BAE）参与到联合国可持续发展委员会（UNCSD）中。它是一个临时性商业网络，为 UNCSD 的商业投入提供便利。[71]” BAE 的另外一个参与者是可持续发展世界商业理事会。[72]

6.6　环保游说及民主

在笔者撰写的《空气污染的政治》一书中，认为环保组织应该退出政策制定。[73]因为制定过程并不民主，而是由当地的增长联盟[74]、汽车工业[75]、能源部门[76]共同推动。正是由于这些经济利益的主导作用，政府采取减少 89
空气污染的方法往往以技术为中心。因此，某些活动者或势力把政治和经济核心问题提上议程。[77]除了减少能源消耗，游说政府、环保组织应该集中精力教育公众，让他们认识到城市扩张的风险，他们应该拒绝参与任何排除关键议题/问题的政治进程，如城市扩张，美国能源政策如何服务强化对全球化石燃料的依赖性。

这与马克 · 道伊（Mark Dowie）的立场是一致的，即环保组织应该从华盛顿特区政治活动中撤出，集中精力动员基层组织，通过与其他进步团体结盟来增强环保联盟的力量。[78]迈克尔 · 谢伦伯格（Michael Shellenberger）和特德 · 诺德豪斯（Ted Nordhaus）[79]在 2004 年出版了一本小册子，题为“环境保护主义的终结”，谴责华盛顿环保游说团体，观点与道伊及笔者类似：

“环保运动对潜在盟友的利益缺乏好奇心，这取决于它从不挑战最基本的假设，即什么是‘环保’，什么不是‘环保’。因为我们对环保问题的定义如此狭隘，所以环保领袖们提出了同样狭隘的解决方案。气候变化也许是现代历史上最大的灾难，环境领导者非常乐观，销售技术解决方案如荧光灯泡、节能家电和混合动力汽车，这些足以聚集必要的政治力量，克服华盛顿特区新保守主义理论家和行业利益的联盟。”[80]

朱利安·阿吉曼（Julian Agyeman）认为，一场基础广泛的环保运动应该具有公正可持续发展模式，包含资源保护、环境保护和社会正义[81]。他断言，实现这些目标最有效的方法是进行城市改革。拉奎尔·平德休斯（Raquel Pinderhughes）[82]、纽曼（Newman）、比特利（Beatley）和博耶（Boyer）[83]描述了城市可以通过多种方式重新配置来改善人们的生活，以减少排放、减少资源消耗。

降低城市扩张是减少温室气体排放和实现城市宜居最有效的方法。在《交通工具》一书中作者描述道，美国对汽车的依赖造成交通拥堵，长途
90 驾驶给城市中下层居民带来财政困难。[84]《城市扩张：亚特兰大的种族、政治和规划》一书中描述了城市扩张在历史上是如何被用来维持种族和阶级隔离的，少数民族地区遭受“城市投资减少、房地产价值下降、商业机会停滞和环境问题”之苦。[85]

主流环保团体退出国家政策制定，在民间团体中发动更广泛的社会运动，来挑战和阻止城市扩张及美国石油政策颁布。杰弗里·艾萨克（Jeffrey Isaac）将公民社会定义为“独立于政治国家而存在的人类网络”。[86]他认为，公民社会比国家更民主，因为它“相对不受约束”。他继续解释说，在公民社会中，“不需要为了战略利益（像国家内部的情况一样）而压制言论；在职位追求过程中，不会为目标和利益妥协或服从。令人尴尬的滋事者不会被压制，民主内部成果的不确定性不必服从于国家政策。”[87]

因此，在这里，民主被定义为在考虑和推进不确定数量政策手段和目标时所需的能力。德莱泽克认为这种开放只能发生在国家之外，因为国家是与特定的目标联系在一起的。

从某种程度上说，考虑到在公民社会中推进竞争的一些可能性，以及面对国家的迫切需要，艾萨克认为，在公民社会中，“反叛”政治可能会发生。他认为一个反叛的政治是一种独立于国家的自愿团体政治，它试图构建反对远程的、不授权的官僚和企业结构。这样的政治通常针对国家，但它并不寻求以政党的方式来控制国家，也不像利益集团那样游说政府获得特权。更确切地说，这是一种道德劝说的政治，通过榜样的力量和具体近似的结果来达到影响政界的目的。[88]

当他们达到临界规模时，反叛政治就会转变为更广泛的社会运动。西德尼·塔罗（Sidney Tarrow）解释说，社会运动“通过对精英、权威、其他团体或文化规范的直接破坏性行为来赢得挑战。”[89]

在美国民间团体中存在一种反派政治，他们与国家脱离，倡导更人性 91
化的社区。在美国各地的城市中，都存在一些活动人士和团体网络，他们提倡更宜居、更健康的城市居住区，这些居住区应该空气更清新，污染更少，住房和交通成本也更低。[90]为了减少温室气体排放，美国很多州和地区都制定了能源替代目标和节能措施。[91]此外，美国各州也已经制定了旨在减少温室气体排放的许可证交易计划。[92]克拉克亚特兰大大学环境正义资源中心主任罗伯特·D. 布拉德（Robert D. Bullard）在 1997 年的一篇文章中指出：

“全国各地的基层社区团体现在联合起来解决城市问题，这些问题由于城市扩张而日渐恶化。许多基层组织都在处理各种各样的城市扩张问题。有些人把自己定义为环保主义者，而另一些人则不以为然。这个新兴的领导阶层正在审定城市交通、空气质量、健康、经济投资以及与之相关的焦点问题，把这些问题视作环保正义和公民权利问题的核心。他们不仅仅停留在说，而是已付诸实践。”[93]

这些政治事件在洛杉矶[94]、波士顿[95]、亚特兰大[96]、亚利桑那州和新墨西哥州阿尔伯克基的案件中都有详细的记录。[97]

尤其值得注意的是，有关北美非常规化石燃料革命的讨论，是美国草根阶层反对采用水力压裂法开采页岩气的典型实例。[98]主要因为该提取方法的危险性以及对水体的污染。[99]此外，水力压裂法还造成地壳运动。[100]

此外，对加拿大油砂最强烈的反对声音来自草根阶层（由于对溢出/泄漏的担忧），他们反对在社区中铺设输送油砂的管道。[101] 350. org 一个非政府组织，350 是指大气中二氧化碳含量的安全上限为百万分之 350（即 350 ppm）团体通过基层努力击败了 Keystone XL 输油管道项目，引起了公众的广泛关注。这个团体在组织公众抗议和示威活动方面特别成功。[102]

环保团体担心全球变暖，它们关注大都市地区，遏制城市扩张，减少
92 温室气体排放（能源需求）。在美国，市政府和州政府直接为土地利用决策负责。[103]地方政府制定建筑规范，改善交通基础设施，这两项措施都在影响着能源利用和温室气体排放。[104]具有国内外视角的环保组织可以协助在美国和其他地区[106]内统一实行城市改革，以减少城市扩张和能源消耗（通常被称为“智能增长”战略[105]）。此外，环保组织还引导基层组织反对水力压裂法，在世界范围内阻止采用这种做法。[107]

艾萨克声称，“一个团体是否应该选择国家、社会团体，还是两者都选择，取决于运动利益和国家需要的特定配置。”[108]他接着说，对环保界来说，最有效的是一种“二元论”方法，[109]在这个国家中，部分群体在国家内运作，以推进资本主义社会的生态现代化。这个群体中更具对抗性的部分应该在公民社会中发挥作用，在那里，他们可以应对城市扩张，以及随之而来的环境不良影响。此外，对于环保界争议较大的部分，通过施加外部压力，帮助国家实现生态现代化的目标。[110]在 2013 年年末和 2014 年年初（当 Keystone XL 输油管道问题高度凸显[111]的时候），美国主要的环保组织明确采用这种二元论方法，试图推动政府在气候变化[112]问题上采取行动。这种方法最终失败的原因在于它没有考虑到如何在国家内成立，只是作为破坏公民社会的反叛政治和社会运动的一种手段。

从历史上看，面对反叛政治和社会运动的出现，国家并不是被动的。相反，它试图确保反叛的政治不会达到临界规模，因为会破坏社会稳定，或者迫使政府大幅度改变，向对抗性社会运动让步。[113]高压手段是一种遏制反叛政治的手段之一。[114]

另一种方法是“收买”那些可能成为反叛政治的部分群体和个人。从历史上看，进步人士、社会主义者和马克思主义者一直将主流的工会和福

利项目视为国家和企业的公开尝试，目的是削弱阶级冲突，以维持内部秩 93
序。[115]维护国内秩序是国家的一项关键任务。[116]

某些批判思想家认为国家管理公众环保问题主要是通过信息传播来实现的。[117]马修 · 卡恩（Matthew Cahn）特别指出了联邦政府在 1970 年之后的环境监管政策（即清洁空气、清洁水、能源和废物政策）对于公众日益增长的环境问题只是做了象征性的回应，而非实质性对美国企业进行监管。这是通过分析这些政策内容得出的结论。此外，卡恩将这些政策内容同联邦政府继续鼓励经济增长，继续支持和补贴化石燃料（如公路和公路养护和扩建）并举出来。这是造成空气污染、水污染以及废物形成的主要因素。[118]因此，批评者卡恩认为，联邦环境立法颁布环境政策旨在规范美国企业，之所以具有象征性，是因为它们不会挑战国家的经济增长，也不会试图改变政策制定者为了实现增长对城市扩张的依赖。

政府对替代燃料和碳隔离技术的承诺也可以被理解为象征性地应对公众对环境的关注。[119]奥巴马政府否决 Keystone XL 输油管道可能会造成某种假象——美国正在远离加拿大油砂。如前所述，美国政府支持非常规化石燃料革命（例如加拿大油砂）似乎证实了这一点。有人怀疑针对温室气体排放的政策只是空洞的象征，毫无意义。[120]

美国各州和地方政府制定应对温室气体排放的政策也有类似的观点（之前提到过）。这种州和地方性行动必须同美国所有州和地区支持城市扩张的政策相结合，包括加利福尼亚州，该州已经启动了这个国家最重要的全球变暖减排计划。[121]

奥尔森（Olson）[122]提出了群体动员激励结构，并做了部分解释，为什么即使在温室气体排放水平处于危险水平的情况下，美国公众的环保问题也没有转化为社会运动。[123]具有代表性的事件是，在气候变化问题上，对
无碳燃料和碳减排技术的承诺缓解了公众在政治上的相对被动局面。[124]另 94
一个代表性事件是，2015 年在巴黎达成的全球气候变化协议不具约束力，即使严格实施也无法阻止灾难性的全球变暖。[125]这些代表性事件向公众传达了已采取行动来应对气候变化问题的信息。他们不需要花时间和精力去克服大规模群体运动固有的集体行动障碍。

除了政策制定者对环保燃料和技术的姿态，以及将艰难决策推到未来的监管指导方针之外，政策制定过程中（比如2012年实施联邦政府计划，到2025年把汽车平均燃油效率提高到54.5英里每加仑，[126]或2014年奥巴马政府计划，到2030年，[127]美国电厂温室气体排放在2005年的基础上减少30%），还把环保团体也象征性考虑在内。[128]换句话说，在一定程度上，环保活动人士被纳入了政策制定过程，这被认为是针对公众部署的部分象征性事件，且在气候变化问题上，尽力保持公众不会聚集在一起。环保活动人士参与决策过程向广大公众传递出，这个过程是民主的，因为它假定包括所有有关的政治观点。环境活动家通过正式和非正式方式进入环境保护局、美国国会和州政府参与政治。[129]例如，《纽约时报》2014年报道称，自然资源保护委员会（Natural Resources Defense Council）"在塑造奥巴马总统的气候变化议程方面发出了强有力的声音"。[130]公共决策过程并不民主，因为城市扩张和汽车依赖这些关键问题在议程中并没有体现，[131]现在的问题是非常规化石燃料也从联邦议程中被剔除了出去（例如，提高加拿大油砂和美国炼油厂之间的铁路运输能力[132]）。

6.7 环保游说团体和城市扩张的生态现代化

为什么环保人士希望通过参与一个不民主的政策制定过程来赋予其合法性？为什么环保人士想要参与一个阻止核心问题被有效讨论的政策制定？

95 道伊在对美国大型"主流"环保团体的批评中称，这些组织是在知情的情况下以象征性的方式成立的。他认为，主要环保组织领导人把组织维护优先于实现政策目标。[133]为了实现这一目标，环保团体的领导人发现，与其为政治目标而"斗争"，不如融入或"接近权力"，尤其是因为前者是一个更好的筹资策略。

罗纳德·沙科（Ronald Shaiko）对五个主要环保组织进行了研究，得出的结论与道伊观点一致。道伊认为环保组织领导者一般会将组织维护优先于实现有效的环境保护。[134]沙科重点分析了环境利益集团的领导层与其成员之间的关系。他设法了解环境利益集团的领导者及其成员就政策问题进行交流的情况。这需要一分为二地评估。首先，沙科分析了环境利益集团领导者征求其成员对各种政策问题的意见程度，以及这些组织内部允许成员向领导层传达其政策偏好的制度机制的存在程度。其次，他分析了环境利益集团成功动员其成员参与公共政策问题的能力。沙科利用这五个环境利益团体的数据来了解利益团体领导人与其成员之间的关系，这些团体分别是：Sierra 俱乐部、荒野协会、国家野生动物联合会、环保协会和环境行动。沙科从他的分析中得出的最重要结论是：环境利益集团的领导者倾向于将组织维护置于政治倡导之上。

据沙科称，环境利益集团强调组织维护的一个重要原因是它的公共利益集团出身，在过去的 40 年中，已经有相当数量的公共利益团体为争夺会员入会而相互竞争。随着对组织维护的重视，环保利益集团的领导，在不同程度上，将其会员视为经济上的支持者，而不是政治上的支持者。环保团体中的两个趋势最好地说明和强化了这一点：一是雇用环保运动以外的个体作为环境利益团体的领导人，以达到组织维持的具体目的。第二，为个人加入或续签会员提供特殊待遇。这些福利包括信用卡、海报、日历和杂志订阅。此外，沙科的分析表明，环境利益集团成员加入这些组织的 96
主要原因是有形的福利，而并非与政治倡导和公共政策相关。[135]

为什么环保团体会参与把关键议题排除在外的政策制定？这是因为如果没有这些积极分子的参与，城市扩张的生态现代化就不会向前推进。[136] 环保团体的游说增强了政府推进汽车生态现代化的信心，这些尤其反映在 NRDC 网站上：

“2004 年 8 月，我们要求加州环保人士敦促加州空气资源委员会（CARB）采取强有力的法规，减少加州新车销售，减少温室气体排放。公众在董事会评论期间发送了 4000 多条评论信息。我们很高兴，2004 年 9 月份在洛杉矶举行的会议上，董事会一致通过了我们所支持的强有力的监管政策。新标准是国内首例，要求到 2012 年，导致全球变暖的二氧化碳和其他污染物排放量分别减少 22% 和 30%。纽约和其他新英格兰州可能会效仿加州，加拿大也在考虑制定类似的标准。汽车行业已经宣布将同这些标准对簿公堂，所以我们一定会向你们通报未来的发展情况，但就目前而言，这个决定是阻止全球变暖斗争的一个重要里程碑——感谢你们所有人的帮助！”[137]

6.8 小　　结

根据这里列出的因素，环保主义者参与决策过程具有伦理层面。它们抑制了这些政治力量，迫使它们处理可持续性环境所面临的问题。

此外，在环境保护方面，环保主义者参与政策制定能得到什么好处还不得而知。随着政府非常规化石燃料政策的出台，这种不确定性/疑虑将大大增强。

然而，整个环境社会影响了政治。它的成果在公众舆论领域最为明
97 显。环境伦理学家莱斯特·米尔布拉斯（Lester Milbrath）解释说：“民意调查显示，大多数国家的人们都意识到了环境问题，非常关心这些问题如何解决。”[138]“毫无疑问，世界公民对环境问题的认识至少应部分归功于环保界。”[139]

这种成功连同他们参与政策拟订过程的怀疑态度，表明环境游说团体资源的最有效配置将直接涉及公众，特别是民间社会。与米尔布拉斯解释的一样，“环保意识和关注并不一定意味着人们能够很好地理解”社会环境弊病的原因和潜在解决方案。[140]因此，除了对这些在政体之外运作的对抗性环保团体和网络保持应有的敌对和争议性态度之外，[141]环保游说团体应该退出政治，与他们在公民社会中叛逆的同胞联合起来。[142]如果这样的话，目前安排在政府内部的游说官员就可以更有效地向公众宣传城市扩张对环境、经济和社会造成的严重负面影响。[143]

这种教育活动包括告知公众，联邦政府和州政府在历史上是如何利用生态现代化的狭隘或“薄弱”概念来应对温室气体排放的。狭隘的生态现代化很大程度上依赖解决空气中排放问题的技术解决方案。更广泛或更“强有力”的生态现代化概念涉及对生态敏感的土地管理。[144]这种土地管理需要土地集中使用（而不是扩张[145]），将住宅区和工作地点拉近，使公共

交通成为城市区域中快速运输的主要手段。生态敏感的土地管理将使居民摆脱对汽车（和内燃机）的依赖，采用更环保的出行方式，如步行、骑自行车或公共交通。[146]这会导致住宅区域缩小，从而减少能源消耗。[147]最后，这样的教育活动可能会扩大环境叛逆的社会政治运动，可能会迫使决策者放弃“缩小版”的生态现代化，采取更宽泛的版本。通过减少对能源的需求，减少排放物的排放（如加拿大油砂），缓解交通拥堵，降低运输成本，从而提高土地利用效率。

更重要的是，环保人士可以动员社会运动，抵制美国全球能源政策所 98
造成的政治和环境影响。特别关注美国非常规化石燃料政策（包括北美油砂政策）的国际层面问题，必须明确理解（并反对）这些政策是在维护全球对化石燃料的依赖——这种依赖将带来灾难性的环境问题，如果这样做了，反过来又维护了美国。

99

第7章 总　　结

加拿大的油砂开采/加工主要是一种政治现象，而非经济现象，具体体现在三个方面。首先，目前现存对油砂的需求直接源于美国在历史上肆意使用石油（如城市扩张）。正如我在第4章和第5章所描述的那样，美国的城市扩张本身就是一种政治现象。美国的石油消费在所谓的“易开采石油”消失中扮演了重要角色——美国每年消耗世界石油产量的20%～25%。国际能源署（IEA）在2010年宣布，常规石油产量在2006年达到峰值。[1]随着常规石油开采的减少，“硬”石油，如油砂、油页岩、深水石油（例如墨西哥湾石油）等，在经济上变得可行。此外，美国继续大量消耗汽油/石油，为从焦油砂和其他非常规石油资源中开采石油（以及难以开采的原油层、北冰洋石油[2]）创造了有利的经济环境（为使这些能源有利可图地进入市场，“硬”油较高的生产/加工成本意味着一桶石油的成本必须高于某一价格点[3]）。

其次，美国的政治/政策抑制了化石燃料的低碳/无碳能源替代品。这
100 一点在民用钚方面表现得最为明显——美国公开阻止这种能源的开发或部署。在“清洁”能源方面，尽管美国拥有非常有利的地形和气象条件来获取这些能源，美国联邦政府在历史上依然忽略了太阳能和风能。

促使北美油砂进入市场的第三个政治因素是阿尔伯塔省政府的历史性政策（第3章）。在石油公司公然反对从加拿大油砂中开采石油期间，该地区政府推出了一项政策，即为将油砂转化为可用的液态能源所需的技术和工程提供运输补贴。与此形成鲜明对比的是，美国沙漠西南部地区的经济精英们站出来反对政府对太阳能的支持。其结果是，围绕太阳能的科学和工程停滞不前。[4]

在《能源与北大西洋政治》一书中，笔者认为能源在世界政治中的作用是辩证的。在北大西洋国家（最突出的是美国和西欧/中欧国家）之间的关系方面，能源政治有时把这些国家联合在一起（例如西方冷战联盟），有时又把它们分开［例如第二次世界大战（能源政治作为向心力和离心力）］。同样，加拿大油砂与美国能源政治有着辩证关系。在冷战和美国汽油/石油消费量不断上升的背景下，美国的规划者们可能会对这种认识充满信心：如果北美切断对外石油供应，或者“容易的”常规原油产量下降，焦油砂可以被作为替代品。正如第 3 章中所指出的那样，20 世纪 50 年代早期加拿大油砂被广泛认为是北美战略性资产。此外（如第 3 章所介绍的），从 1960 年代开始油砂的开采主要是基于战略原因，而不是为了利润。因此，加拿大油砂给了政策制定者许可证，让他们促进城市的能源扩张，忽视风能/太阳能，积极阻止民用钚的开发。围绕加拿大焦油砂的政治因素是多方面的，焦油砂受到美国能源政治的影响（如前所述[5]），同时，美国能源政治又受到焦油砂的影响。

在接纳能源浪费的城市扩张，拒绝/忽视替代燃料，凭借加拿大的焦油砂来填补北美能源供应的缺口时，美国政策制定者并没有预见（更准确地说，是不想考虑[6]）全球变暖。随着 2012[7]年北冰洋的冰层几乎崩溃，表 101
面上看，这是阻止全球变暖的最后一刻（北冰洋和格陵兰岛的冰在地球气象学中扮演着锚的角色[8]）。因此，起初，将碳含量高的加拿大油砂全部投入生产无异于一场灾难。更糟糕的是，这样做将阻碍制定一项迫切需要的、激进的气候变化条约。

作者认为，美国的能源政策不是缺乏远见或故意无知的结果，而是美国霸权政治（即美国的能源政策）的直接结果。石油时代与美国世纪（即美国全球霸权）同时到来并不是巧合。正是因为美国国内原油储量丰富，20 世纪 20 年代的汽车革命的中心在美国。这场革命深刻地影响了美国的工业进程，使美国一跃成为世界第一经济大国——拥有最大的 GDP 和最先进的技术。

在第二次世界大战后期，美国的耐用消费品革命在城市扩张的刺激下，成为美国领导冷战联盟和主导全球霸权的关键（美国世纪）。因此，即使是在20世纪70年代的石油危机后，美国也没有改革其无序扩张（低密度）的城区，以及随之而来的大量石油消费（汽车依赖）。相反，美国将其大战略转向保护波斯湾——世界主要石油产地（第5章）。

支撑其不断扩张的城区只是能源服务于维持美国全球霸权地位的一种方式。美国把石油（化石燃料）作为外交政策的焦点。美国军方/海军监督着世界范围内石油的分布，巡逻航线的关注点从波斯湾转移到了东亚。[9]针对民用钚和太阳能/风能的美国政策是符合化石燃料（特别是石油）作为美国霸权工具的事实。无碳能源的成功开发可能会削弱化石燃料作为霸权影响/控制工具的地位。

有点讽刺的是，“易开采”石油的衰落正在强化美国对全球能源体系的控制。如前所述，常规石油的“消失”意味着非常规化石燃料（油气页岩和油砂）具有越来越大的效用/盈利能力。非常规化石燃料革命中心在北美，[10]这一事实让美国在世界政治体系中拥有了额外的影响力。这就是
102 为什么，尽管这样做对当地和全球环境造成了明显的破坏，但美国似乎仍在推进北美非常规化石燃料开采方面走在前列。

正如第1章所述，解释美国城市扩张和石油浪费时常常会把其国内的政治文化作为论点。马修·T. 胡贝尔（Matthew T. Huber）在其著名著作《命脉：石油、自由和资本力量》一书中着重批判了他所看到的美国人的傲慢——美国人有权消费大量不成比例的石油/能源，而不应该无视经济、地缘政治或环境后果。胡贝尔把这种傲慢称为“敌对的个人主义”。[11]当然，由于几乎不存在汽车以外的交通工具，美国城市居民对那些使驾驶成本高[12]得令人望而却步的政策（例如高汽油税）[13]持谨慎态度是可以理解的。此外，在美国人中间很可能有一种对石油问题持半法西斯态度的思潮，他们对使用武力主宰全球石油系统表示同情（如果不是热情的话）。美国环保组织的领军人物忽视了对汽车依赖的批评，忽视了外国能源政策（第6章），这大概无意中传达了这样一种印象，即美国人对过度石油消费的文化和政治抱着绝望（或许是极端）的态度。

然而，与经济精英理论（第2章）一样，一致认为经济精英一直是美国城市扩张背后的政治推动力量。从20世纪20年代总统关于失业问题的

会议开始，美国经济精英们就积极倡导把城市扩张作为促进经济增长的主要手段（第 4 章）。最令人不安和失望的是外交关系委员会 2009 年的论点，即开发加拿大油砂将促进北美“安全”[14]（第 5 章），而不是正确地看待/描述油砂的开采/加工很可能加速失控的全球变暖。这是对文明和全人类最大的安全威胁。

重要名词英文-中文对照[①]

A Standard City Planning Enabling Act 标准城市规划授权法 （1924）

A Standard State Zoning Enabling Act 标准国家分区启用法案 （1928）

Advisory Committee on City Planning and Zoning 城市规划和区划咨询委员会

Advisory Committee on Zoning 分区规划咨询委员会

AFASE（Association for Applied Solar Energy） 实用太阳能能量协会

Afghanistan 阿富汗

Alberta 阿尔伯塔（加拿大西部之一省）

provincial government 省政府

Albuquerque 阿尔伯克基（美国新墨西哥州中部城市）

Alcoa（Aluminum Company of America）美国铝业（美国铝业公司）

Algeria 阿尔及利亚

American Automobile Association 美国汽车协会

American Bankers' Association：Economic Policy Committee 美国银行家协会：经济政策委员会

American Electric Power Co. 美国电力公司

American Gas Association 美国气体协会

American Road Builders Association 美国道路建设者协会

American Road Congress（1911） 美国公路大会（1911）

American Steamship Owners Association 美国轮船船东协会

American Telephone and Telegraph（AT&T） 美国电话电报公司

---

① 部分名词在参考文献中出现。

Amsterdam　阿姆斯特丹

Angola　安哥拉

Appalachian Coals, Inc　阿巴拉契亚煤炭公司

ARC Financial Corp.　ARC 金融公司

Arctic Ocean　北冰洋

Armand, Louis　阿尔芒，路易斯

Armand report (1955)　阿尔芒报告（1955）

Athens　雅典

Atlanta　亚特兰大

Atlantic Richfield Oil Co.　大西洋里奇菲尔德石油公司

Atomic Energy Commission, US Federal　美国联邦原子能委员会

Babcock, Frederick　巴布科克，弗雷德里克

Baltimore and Ohio Railroad　巴尔的摩和俄亥俄铁路

Barcelona　巴塞罗那

Barnwell nuclear reprocessing center　巴恩韦尔核后处理中心

Berlin　柏林

Bern　伯恩

Bethlehem Steel Corp.　伯利恒钢铁公司

Better Homes for America chapters　美国美好家园分会

Billingsley, Tara　比林斯利，塔拉

Blue Ribbon Commission on America's Nuclear Future　美国核未来蓝丝带委员会

　　Report to the Secretary of Energy (2012)　给能源部长的报告（2012）

Bologna　博洛尼亚

Boston　波士顿

Brazil　巴西

Brisbane　布里斯班

Britain. See Great Britain　英国，见大不列颠

British Columbia, provincial government　不列颠哥伦比亚省政府

British Petroleum　英国石油公司

Brussels　布鲁塞尔

Brzezinski, Zbigniew　布热津斯基，兹比格涅夫

Bush, President George W. administration of　布什，George W. 总统

Business Action for Energy（BAE）　能源商业行动

Business Council of National Issues（BCNI）　国家问题商业理事会

Calgary　卡尔加里

California　加利福尼亚

Canaday, Ward　卡纳迪，沃德

Canadian Boreal Initiative　加拿大北部倡议

Canadian Petroleum Association　加拿大石油协会

Canadian Oil Sands: Energy Security vs. Climate Change（2009）　加拿大油砂：能源安全与气候变化（2009）and U. S. Foreign Policy　美国外交政策

Carbomin International Corp.　卡博明国际公司

Carnegie Institution 卡内基研究所

Carter, U. S. President James E., administration of　卡特，美国总统 James E.

Central Asia　中亚

Chalmers, Hugh（President of Chalmers Motor Co.）　查默斯，休（查默斯汽车公司总裁）

Chamber of Commerce（U. S.）　商会（美国）

Chase National Bank　大通国家银行

Chevron　雪佛龙

Chicago　芝加哥

Citigroup　花旗集团

City Planning Committee　城市规划委员会

Clark, Karl　克拉克，卡尔

Clinch River breeder reactor　克林奇河增殖反应堆

Clinton, President William J., administration of　克林顿，William J. 总统

Cold War, the　冷战

Committee of Construction Industries　建筑业委员会

Committee on Public Works　市政工程委员会

Committee for Economic Development　经济发展委员会

Subcommittee on Problems and Potentials of Economic Growth: The Energy Problem: Report "Achieving Energy Independence"　经济增长问题与潜力小组委员会：能源问题：报告"实现能源独立"（1974）

Consolidated Edison Co. of New York　纽约联合爱迪生公司

COP 2009. *See* Copenhagen Climate Change Conference　康菲石油公司 2009，哥本哈根气候变化会议

COP 2015. *See* Paris Climate Change Conference　康菲石油公司 2015，巴黎气候变化会议

Copenhagen　哥本哈根

Copenhagen Climate Change Conference（COP 2009）　哥本哈根世界气候大会（COP 2009）

Council of Ministers of the Organization for European Economic Cooperation（OEEC）　欧洲经济合作组织（OEEC）部长理事会

Commission for Energy　能源委员会

Council on Foreign Relations（CFR）　对外关系委员会

Couzens, James　库曾斯，詹姆斯

DaimlerChrysler　美国第三大汽车公司：戴姆勒-克莱斯勒公司

Deane, Albert　迪恩，阿尔伯特

Denver　丹佛

Department of Commerce（U. S. ）　商务部（美国）

Division of Building and Housing　建筑和住房部门

Detroit Edison Co.　底特律爱迪生公司

Deutch, John　多伊奇，约翰

Dillon, Read, & Co.　狄龙、雷德公司

Douglas, Lewis W.（of Arizona）　道格拉斯，Lewis W.（亚利桑那州）

Douglas, Lewis W. (of General Motors)　道格拉斯
DuBois, Ayers　杜波依斯，艾尔斯
Duke Energy　杜克能源
Dupont Chemical　杜邦化学
Dusseldorf　杜塞尔多夫
East Asia　东亚
Eccles, Marriner　埃克尔斯，马里纳
Eco Justice　生态正义
Edmonton　埃德蒙顿
Eisenhower, President Dwight D., administration of, 艾森豪威尔, Dwight D. 总统
Emerging North American Oil Balances: Considerations Relevant to a TarSands Development Policy (Walter J. Levy)　新兴的北美石油天平：与油砂发展政策有关的考虑
Enbridge Northern Gateway pipeline (proposed) 恩桥北方管道网
Energy Advisory Commission　能源咨询委员会
Energy Resources Conservation Board (of Alberta)　阿尔伯塔能源资源保护委员会
Environmental Action　环境行动
Environmental Defense Canada　加拿大环境保护组织
Environmental Defense Fund　环保协会
Environmental Protection Agency (U. S.)　环境保护署（美国）
European Union (EU)　欧洲联盟（欧盟）
ExxonMobil　埃克森美孚公司
Fahey, John　费伊，约翰
Federal German Republic.　联邦德国共和国
Federal Home Loan Bank Board　联邦住房贷款银行董事会
Federal Home Loan Bank System　联邦住房贷款银行系统
Federal Housing Authority (FHA)　联邦住房管理局

Fiat　菲亚特

Fidelity Bank　富达银行

Firestone Tire and Rubber　费尔斯通轮胎和橡胶

First National Bank of Chicago　芝加哥第一国家银行

Fisher, Ernest　弗舍尔，欧内斯特

Ford Foundation　福特基金会

Ford Motor Company　福特汽车公司

Fort McMurray, Alberta　麦克默里堡，阿尔伯塔

FPL Group of Florida　佛罗里达州 FPL 集团

Frankfurt　法兰克福

Friends of the Earth　地球之友

General Electric　通用电气

General Motors　通用汽车

Geneva　日内瓦

Glasglow　格拉斯哥（苏格兰最大城市）

Graz　格拉茨

Greenland ice　格陵兰岛的冰

Greenpeace Canada　加拿大绿色和平组织

Greenpeace USA　美国绿色和平组织

Gulf of Mexico　墨西哥湾

Gulf Oil　海湾石油

Hamburg　汉堡

Hansen, James　汉森，詹姆斯

Harriman, W. Averell　哈里曼，W. 埃夫里尔

Hartley, Harold　哈特利，哈罗德

Heitt, Irving B.　海特，欧文

Helsinki　赫尔辛基

Hewlett Foundation　休利特基金会

Honda　本田

Houston 休斯敦
Illinois Central Railroad Co. 伊利诺伊中央铁路公司
Imperial Oil 帝国石油公司
Indonesia 印度尼西亚
Intergovernmental Panel on Climate Change（IPCC） 政府间气候变化专门委员会
International Chamber of Commerce（ICC） 国际商会
Commission on Environment and Energy 环境与能源委员会
International Energy Agency 国际能源机构
Iran 伊朗
Iraq 伊拉克
J. P. Morgan Chase 摩根大通
Kuwait 科威特
Kyoto Protocol 京都议定书
Lehman Brothers 雷曼兄弟
Levy, Walter J. 利维，沃尔特
Libya 利比亚
London 伦敦
Long Island, New York 长岛，纽约
Lorraine region（France） 洛林（法国）
Los Angeles 洛杉矶
Louis Capital Markets 路易斯资本市场
Louis Dreyfus Corp. 路易达孚集团
Lyons 里昂
Madrid 马德里
Manchester 曼彻斯特
Manning, Ernest, premier of Alberta 曼宁总理欧内斯特，阿尔伯塔
Marlow, Fred 马洛，弗雷德
Marseilles 马赛

Melbourne　墨尔本

Michelin Tire Company　米其林轮胎公司

Middle East　中东

Milan　米兰

Mitsubishi　三菱

Mobility 2030: Meeting the Challenge of Sustainability　2030 流动性：迎接可持续发展的挑战

Montreal　蒙特利尔

Morgan Stanley　摩根士丹利

Mufson, Steven　穆夫森，史蒂文

Munich　慕尼黑

Nantes　南特

National Association of Manufacturers　全国制造商协会

National Association of Real Estate Boards（NAREB）　全国房地产协会委员会

National City Bank of New York　纽约国家城市银行

National Coal Association　国家煤炭协会

National Energy Program（1980）（of Canada）　加拿大国家能源计划

National Environmental Trust　国家环境信托

National Highway Users Conference　国家公路用户大会

National Housing Act of 1934（U. S. ）　1934 年《国家住房法》

National Implement & Vehicle Association　国家设施和车辆协会

National Municipal League　国家市政联盟

National Petroleum Council　国家石油理事会

National Wildlife Federation　国家野生动物联合会

NATO（North Atlantic Treaty Organization）　北大西洋公约组织

Natural Resources Defense Council（NRDC）　自然资源保护委员会

Nature Conservancy　大自然保护协会

Newcastle　纽卡斯尔

Nigeria　尼日利亚

Nissan　尼桑（日产）

Nixon, U. S. President Richard M., administration of　理查德 M. 尼克松，美国总统

Norsk Hydro　挪威海德鲁公司

North American Oil Sands Coalition　北美油砂联盟

Olso　奥斯陆

Organization of Petroleum Export Countries (OPEC)　石油输出国组织（欧佩克）

Osaka　大阪

Ottawa　渥太华

Pacific Power & Light　太平洋电力公司

Paris　巴黎

Paris Climate Change Conference (COP 2015)　2015 年巴黎气候变化大会

Pathways to 2050*: Energy and Climate Change*　通向 2050 的路径：能源和气候变化

Peaceful Uses of Atomic Energy　和平利用原子能

Pelham Oil & Trust Co.　佩勒姆石油信托公司

Pembina Institute　彭比纳研究所

Persian Gulf　波斯湾

Persian Gulf War (1990)　波斯海湾战争

Perth　珀斯

Pew, J. Howard　皮尤，霍华德

Pew Center on Global Climate Change　皮尤全球气候变化中心

Phoeniz　菲尼克斯，美国亚利桑那州州首府

PIRA Energy Group　PIRA 能源集团

Pittsburgh Coal Co.　匹兹堡煤炭公司

PNM Resources of New Mexico　新墨西哥州 PNM 资源公司

President's Conference on Unemployment　总统关于失业问题的会议

President's Emergency Committee on Housing　总统住房紧急委员会

Procter & Gamble 宝洁

Qatar 卡塔尔

Raskob, John J. 拉斯科布，约翰

Recent Economic Changes in the United States 《美国最近的经济变化》

Reed, Philip 里德，菲利普

Renault 雷诺

Research Council of Alberta 阿尔伯塔省研究委员会

Resources for the Future 未来资源组织

Robinson, Austin 鲁滨逊，奥斯汀

Rockefeller Brothers Foundation 洛克菲勒兄弟基金会

Rockefeller Foundation 洛克菲勒基金会

Rome 罗马

Romney, Mitt 米特，罗姆尼

Ruhr 鲁尔

Russia 俄罗斯

San Diego 圣迭戈

San Francisco 旧金山

Sapporo 札幌

Sargent, Henry B. 萨金特，亨利

Saudi Arabia 沙特阿拉伯

Save the Redwood League 拯救红杉联盟

Sears, Roebuck 西尔斯，罗巴克

Shell Oil 壳牌石油

Sierra Club 塞拉俱乐部

Singapore 新加坡

Sloan, Alfred 斯隆，阿尔弗雷德

Solar Energy Society（SES） 太阳能学会

Some Aspects of the European Energy Problem: Suggestions for Collective Action（Armand report） 《欧洲能源问题的某些方面：集体行动的建

议》（阿尔芒报告）

Sony　索尼

South Korea　韩国

Southern California Edison Co. 南加利福尼亚爱迪生公司

Standard Oil of California　加利福尼亚州标准油公司

Standard Oil of Indiana　印第安纳州标准油公司

Standard Oil of New Jersey　新泽西州标准油公司

Statoil　挪威国家石油公司

Stockholm　斯德哥尔摩

Stuttgart　斯图加特

Suez Canal crisis　苏伊士运河危机

Sun Oil Co.　太阳石油公司

Sydney　悉尼

Texas Commerce Bancshares　得克萨斯商业银行

Texas Company（Texaco）　得克萨斯公司（德士古）

The Death of Environmentalism（2004）　环境保护主义的终结（2004）

The Johannesburg Summit 2002：A Call for Action　2002年约翰内斯堡峰首脑会议：呼吁采取行动

Three Mile Island（nuclear accident）　三哩岛（核事故）

Tides Foundation　潮汐基金会

Tokyo　东京

Toronto　多伦多

Towards a New Energy Pattern in Europe（Robinson report）　欧洲新能源模式（鲁滨逊报告）

Toyota　丰田

Trans World Airlines　环球航空公司

Twentieth Century Fund　20世纪基金

Task Force on International Oil Crisis　国际石油危机工作组

Task Force on United States Energy Policy　美国能源政策基金特别工作组

U. S. Advertising Corp. of Toledo　美国托莱多广告公司

U. S. Steel　美国钢铁公司

Union of Concerned Scientists（UCS）　忧思科学家联盟

Union Oil Company of California　加利福尼亚联合石油公司

United Arab Emirates　阿拉伯联合酋长国

United Nations Commission for Sustainable Development（UNCSD）　联合国可持续发展委员会

United States Climate Action Partnership　美国气候行动合作伙伴关系

US Navy　美国海军

Vancouver　温哥华

Venezuela　委内瑞拉

Vienna　维也纳

Volkswagen　大众

Volvo　沃尔沃

Washington, DC　华盛顿

Washington Post　《华盛顿邮报》

Wellington　惠灵顿

Wells Fargo Bank　富国银行

Westinghouse　西屋

Wilderness Society　荒野协会

Willard, Daniel　威拉德，丹尼尔

Woollen, Evans　伍伦，埃文斯

World Business Council for Sustainable Development（WBCSD）世界可持续发展工商理事会

World Resources Institute　世界资源研究所

World Symposium on Applied Solar Energy　世界太阳能应用研讨会

World Wildlife Fund　世界野生动物基金会

Zurich　苏黎世